Organizações e Instituições Internacionais

Análise de Política Externa • Haroldo Ramanzini Júnior e Rogério de Souza Farias
Direitos humanos e Relações Internacionais • Isabela Garbin
Economia política global • Niels Soendergaard
Organizações e Instituições Internacionais • Ana Flávia Barros-Platiau • Niels Soendergaard
Teoria das Relações Internacionais • Feliciano de Sá Guimarães

Proibida a reprodução total ou parcial em qualquer mídia
sem a autorização escrita da editora.
Os infratores estão sujeitos às penas da lei.

A Editora não é responsável pelo conteúdo deste livro.
Os Autores conhecem os fatos narrados, pelos quais são responsáveis,
assim como se responsabilizam pelos juízos emitidos.

Consulte nosso catálogo completo e últimos lançamentos em **www.editoracontexto.com.br**.

Organizações e Instituições Internacionais

Ana Flávia Barros-Platiau
Niels Soendergaard

Coordenador da coleção
Antônio Carlos Lessa

Copyright © 2021 Niels Soendergaard

Todos os direitos desta edição reservados à
Editora Contexto (Editora Pinsky Ltda.)

Montagem de capa e diagramação
Gustavo S. Vilas Boas

Preparação de textos
Lilian Aquino

Revisão
Bia Mendes

Dados Internacionais de Catalogação na Publicação (CIP)

Barros-Platiau, Ana Flávia
Organizações e Instituições Internacionais /
Ana Flávia Barros-Platiau, Niels Soendergaard. – São Paulo :
Contexto, 2021.
160 p.

Bibliografia
ISBN 978-65-5541-127-0

1. Relações internacionais 2. Organizações internacionais
3. Política internacional I. Título II. Soendergaard, Niels

21-4242   CDD 348.00601

Angélica Ilacqua – Bibliotecária – CRB-8/7057

Índice para catálogo sistemático:
1. Relações internacionais : Organizações internacionais

2021

Editora Contexto
Diretor editorial: *Jaime Pinsky*

Rua Dr. José Elias, 520 – Alto da Lapa
05083-030 – São Paulo – SP
pabx: (11) 3832 5838
contexto@editoracontexto.com.br
www.editoracontexto.com.br

Sumário

INTRODUÇÃO..7

TEORIA E PRÁTICA:
A ORIGEM DAS ORGANIZAÇÕES INTERNACIONAIS...............15
    Teoria das Relações Internacionais e Organizações Internacionais........16
    Raízes históricas da cooperação internacional..............................23
    A Liga das Nações..28
    A criação da ONU como um sistema..30

A CONSTRUÇÃO DA SEGURANÇA COLETIVA..........................37
    A herança da Liga das Nações e a manutenção do *status quo*.......38
    O Conselho de Segurança
    como pilar central da Ordem Internacional..............................40
    A Otan e a segurança coletiva..43
    O arsenal nuclear e o difícil desarmamento..............................46
    A intervenção militar e as responsabilidades de proteger............48
    As novas ameaças e a segurança humana..................................55

AS INSTITUIÇÕES DE BRETTON WOODS
E O COMÉRCIO INTERNACIONAL..61
    O início do Sistema Comercial Internacional............................62
    Multilateralismo comercial – de Bretton Woods a Doha............64
    Os blocos econômicos regionais..70
    Os mega-acordos regionais..73
    O futuro da ordem liberal e a crise do multilateralismo comercial......75

O DESENVOLVIMENTO INTERNACIONAL COMO IDEAL 79
   A ONU como um projeto de desenvolvimento mundial 80
   A persistente clivagem Norte-Sul
      e as visões concorrentes de desenvolvimento 84
   Do subdesenvolvimento ao desenvolvimento sustentável 87
   O desenvolvimento humano e as agendas globais 92
   A Agenda 2030 e os seus limites 96

DIREITOS HUMANOS E JUSTIÇA GLOBAL 99
   Direitos humanos e direito humanitário internacional 100
   Os pactos de proteção aos direitos humanos durante a Guerra Fria 106
   A universalização contestada e os limites dos direitos humanos 107
   Refugiados e direitos dos migrantes 110
   As cortes internacionais e regionais 117
   A justiça global como um ideal 118

MEIO AMBIENTE E SAÚDE GLOBAL 121
   A pauta ambiental e o regime de mudança global do clima 122
   O Antropoceno, os limites planetários 128
   Negociações fragmentadas:
      florestas, biodiversidade, clima e oceanos 133
   Saúde global como um desafio urgente 138

CONCLUSÃO 141

SUGESTÕES DE LEITURA 149

LISTA DE SIGLAS 151

BIBLIOGRAFIA 157

OS AUTORES 159

Introdução

A história das grandes civilizações mostra que à medida que os fluxos comerciais e as disputas de poder intensificaram-se houve um esforço para a criação de regras e padrões que respondessem a questões prementes, relativas a segurança, pesos e medidas, comunicação, transporte, saúde, entre outros. Para melhorar a coexistência de diferentes atores e prevenir guerras, duas grandes conferências foram realizadas no início do século XX na cidade de Haia, Holanda. Elas consagraram o Direito Internacional como instrumento da diplomacia, em via de profissionalização ao redor do mundo. Contudo, a Primeira Guerra Mundial (1914-1918) marcou uma ruptura nesse processo de construção do Direito Internacional, que foi retomado com o Tratado de Versalhes e a criação da Liga das Nações, ou Sociedade das Nações, em 1918. Em outras palavras, o desenvolvimento de Organizações e Instituições Internacionais está diretamente relacionado ao objetivo de criação de uma ordem internacional mais estável, segura e previsível.

As Organizações e Instituições Internacionais são arranjos políticos criados em resposta a agendas mais amplas do que as domésticas, sendo a segurança um dos seus principais objetivos. Substituíram, em alguma medida, alianças de guerra e concertos de poder, baseados na força militar e nos interesses das grandes potências. Ao longo do tempo, a constatação de que a segurança de cada um também dependia da segurança de todos levou à noção de segurança coletiva, fortalecida na Liga das Nações. Isso significa que os Estados se comprometeram a participar de ações conjuntas contra quem violasse o Direito Internacional ou agredisse outro Estado, ameaçando a sua independência política ou integridade territorial. A segurança coletiva é, portanto, uma instituição internacional central para as Relações Internacionais.

Instituições Internacionais são criadas para coordenar as relações entre os atores internacionais, principalmente os Estados soberanos. Elas ajudam a fortalecer o diálogo e evitar conflitos armados, ou seja, criam espaço de negociação diplomática com regras mais claras para todos. As Instituições recobrem uma realidade ampla na Sociologia política e no Direito Internacional, correspondendo a formas ou estruturas estabelecidas pelo costume ou pelo direito. São as "regras do jogo internacional socialmente aceitas". Alguns exemplos que serão usados neste livro: o padrão-ouro, o multilateralismo, o Direito Internacional Público (DIP), as operações de paz e os regimes internacionais.

No campo de pesquisa de Relações Internacionais, regimes internacionais, de acordo com Stephen Krasner (1982), são geralmente definidos como os princípios, normas, regras e procedimentos decisórios implícitos ou explícitos, em torno dos quais as expectativas dos atores convergem. Mais recentemente, o conceito de "complexo de regimes" foi proposto para enriquecer o debate sobre como os regimes interagem a partir de um tema compartilhado. Por exemplo, no caso do complexo de regimes sobre tráfico de pessoas, há diversos regimes interconectados, como os de direitos humanos, segurança, comércio, cultura, corrupção e transporte, entre outros. No caso do complexo de regimes do clima, os regimes de segurança humana e energética, comerciais, ambientais, entre outros, são centrais. Além disso, é imprescindível envolver empresários e cientistas que investem na pesquisa sobre a descarbonização da economia.

Instituições podem ter diferentes formas, como uma estrutura política ou um conjunto de regras baseadas em costumes internacionais, no direito, ou serem totalmente inovadoras, como foram as operações de paz da Organização das Nações Unidas (ONU). Às vezes são muito efetivas, atingindo os resultados esperados e orientando a conduta dos atores internacionais; porém, às vezes fracassam. Podem durar séculos, ou, ao contrário, desaparecerem rapidamente. Nesse sentido, as Organizações Internacionais também são instituições, pois são criadas para facilitar a cooperação internacional, em todos os campos da vida internacional e com os diversos tipos de atores.

A definição de Organizações Internacionais se confunde com a definição de organizações intergovernamentais. Enquanto a primeira é genérica e ampla, abarcando todas as entidades que ultrapassam o escopo nacional, a segunda é composta exclusivamente por Estados soberanos – que decidem se tornar membros de Organizações por meio da assinatura de tratados internacionais – e por outras Organizações Internacionais. Em suma, o termo "internacional" remete a iniciativas com diferentes atores estrangeiros, como no caso dos Jogos Olímpicos, que envolve autoridades, empresas e atletas, enquanto o termo "intergovernamental" implica a colaboração entre governos, excluindo atores do mercado e da sociedade organizada. Entretanto, a linha divisória entre atores públicos e privados tem se tornado cada vez mais tênue, pois eles interagem muito mais agora do que no século XIX. Os atores não estatais (do setor privado) podem obter permissão de participação como observadores ou similares nas negociações multilaterais, inclusive com participação crescente nas delegações diplomáticas de diversos Estados, principalmente nas arenas da ONU.

As primeiras organizações foram criadas por Estados para tratar de problemas específicos e com escopo geográfico limitado, que depois foi ampliado para os tabuleiros regionais e o internacional. Assim, a Liga das Nações foi a herdeira de um longo processo de institucionalização das Relações Internacionais, e a ONU marcou a continuação desse processo. Contudo, a Organização das Nações Unidas é um sistema de agências que se aproxima do ideal de universalismo, baseado em valores compartilhados pela comunidade internacional, como a defesa da democracia e dos direitos humanos.

Na verdade, o nome correto para as instituições formadas apenas por Estados seria Organizações Intergovernamentais. Todavia, o conceito genérico de Organizações Internacionais prevaleceu na literatura mais recente. Assim, as Organizações Internacionais são tradicionalmente consideradas agências intergovernamentais dotadas de tratado constitutivo, personalidade jurídica, mandato ou missão específica, escopo de atuação (agenda), sede, orçamento e corpo de funcionários. Com o passar do tempo, outros tipos de organização foram criados e os membros tornaram-se mais diversos, incluindo atores do mercado e da sociedade civil. Atualmente, há diversos tipos de organização que não correspondem mais às tipologias clássicas do Direito Internacional Público, como o G-20 (grupo das 20 grandes economias mundiais), o Fórum de Diálogo Índia-Brasil-África do Sul (Ibas), o agrupamento Brics (Brasil, Rússia, Índia, China e África do Sul) e o Estado Islâmico (EI ou Daesh).

O século XX foi abalado por duas guerras mundiais e a Guerra Fria (1946-1991), além da crise de 1929. No século XXI, as crises de 2008 e 2020 trouxeram novos desafios para as relações internacionais. Ao mesmo tempo, à medida que outros atores se tornaram predominantes nas negociações multilaterais, os fenômenos da globalização e da consolidação da ordem multipolar também marcaram as relações internacionais. Sob liderança dos Estados Unidos (EUA) e da União Europeia (UE), a ordem multipolar passou a ser chamada de "ordem liberal ocidental" e tem como desafios atuais representar os Estados mais vulneráveis e se adaptar à ascensão chinesa.

A institucionalização sem precedentes das Relações Internacionais mostrou que da violência política nasceram iniciativas de cooperação e coexistência, com a multiplicação de Organizações Internacionais desde 1945. Para que servem? Organizações são arenas de negociação entre os diferentes tipos de atores, contribuindo para a prevenção e resolução dos mais diversos tipos de conflitos de interesse. São também atores com autonomia variável, que podem decidir até sobre a sua própria expansão ou retração. Na maior parte dos casos, tiveram grande produção normativa, aumentaram suas respectivas capacidades operacionais e estenderam seus domínios de competência. Com a diferenciação de suas funções e a ampliação da participação de atores distintos, reforçaram mecanismos de representatividade, legitimidade e eficácia. Mostraram, assim, que "as organizações não são máquinas". Ou seja, não interessa apenas olhar seus atributos, orçamento, estatuto e demais dados. É realmente importante entender como agem e interagem, isto é, quais relações de poder prevalecem (Devin e Smouts, 2011). Certo é que seu funcionamento rotineiro é pautado pelas "regras da casa" e pelas equipes no comando (cultural institucional), mas é também marcado pelos interesses de seus membros.

Em outros termos, as Organizações e Instituições Internacionais evoluem com o tempo, em função de fatores endógenos e exógenos. Ademais, as Organizações funcionam ao sabor das assimetrias de poder e algumas vezes levam a resultados contrários aos interesses das maiores potências. Sem dúvida, o caso mais emblemático foi a entrada em vigor do Tratado sobre a Proibição de Armas Nucleares (TPAN) em 2021, sob a égide da ONU. Esse evento é ímpar por representar um resultado do interesse da maioria, desprovida de arsenal nuclear, contra a minoria, que são as potências nucleares.

No século XXI, a ordem internacional tornou-se mais complexa em razão da crescente multipolaridade e da rivalidade entre o tradicional eixo de poder euro-atlântico e o recente sino-russo. Do mesmo modo, as organizações internacionais sofreram grandes transformações desde a criação da ONU, em 1945, com efeitos diretos na principal lógica de ação coletiva, o multilateralismo. Existem diversas iniciativas minilaterais (com poucos atores) ou plurilaterais (com vários atores) simultâneas, parcialmente conectadas com as agendas formais da ONU. Numa perspectiva de mais de cem anos de trajetória, é possível organizar em três grandes etapas a história das Organizações Internacionais.

Primeiro, a etapa da expansão, às vezes chamada de "universalização". As raras Organizações Internacionais, principalmente ocidentais e orientadas para a padronização de atividades comerciais e técnicas no início do século XX, proliferaram no grande sistema ONU. De instrumentos supostamente "universais" para manter o *status quo* durante a ordem bipolar, ganharam novos membros com a descolonização afro-asiática na década de 1960 e criaram instrumentos inovadores para funcionar como verdadeiras burocracias multilaterais. Com o processo de internacionalização de temas como trabalho, aviação civil, direitos humanos, saúde e meio ambiente, desenvolveram-se também o Direito Internacional público e a diplomacia multilateral, bem como diversos conceitos estruturantes das Relações Internacionais, como o desenvolvimento sustentável.

A segunda etapa corresponde à globalização das organizações na década de 1990, quando o acesso ampliado à internet permitiu não só a circulação mais rápida e barata de informações, mas também a mobilização de outros atores para participarem de negociações multilaterais. Passada a grande onda de criação e reforço das Organizações Internacionais, esse período foi marcado pela ideia de que o Direito Internacional público prevaleceria sobre o interesse das grandes potências. Dado o fim da Guerra Fria, George Bush, o então presidente dos Estados Unidos, chegou a anunciar a "Nova Ordem Internacional". Assim, a Agenda 21, a Agenda de Ação de Adis Abeba, a Agenda do Milênio e a Agenda 2030 foram adotadas para orientar políticas de desenvolvimento, com o imperativo moral e ético da ONU de reconhecer responsabilidades comuns, porém diferenciadas. Contudo, o processo de institucionalização internacional não foi linear; houve muitos retrocessos e bifurcações que conduziram ao cenário atual, com uma crescente proliferação de atores e consequente fragmentação da governança global.

A governança global é diferente de governo global. Enquanto este último refere-se a atividades exercidas por uma autoridade supranacional instituída, a qual nunca existiu, a governança global corresponde à anarquia do sistema internacional, ou seja, ao reconhecimento da necessidade de cooperação internacional por Estados soberanos, Organizações Internacionais e uma miríade de atores internacionais com capacidades bastante assimétricas. Bennett e Satterfield (2018) definiram governança global por meio de suas instituições (leis, políticas, regras e normas); estruturas (organizações formais e redes informais) e processos (políticos, decisórios, criação de valores e resolução de conflitos). Os autores conferiram-lhe, ainda, quatro objetivos/atributos: equidade, capacidade de resposta, robustez e efetividade. Em suma, o conceito de governança global serve para responder à pergunta: como funciona um processo? Por exemplo, na governança da saúde, quem decide quais são as prioridades, os direitos e os deveres? Quem define como serão fabricadas e distribuídas as vacinas? Quais os principais atores e seus respectivos papéis?

A terceira e mais recente etapa das Organizações Internacionais se inicia com a Agenda 2030 da ONU no ano de 2015, quando a ciência conduz à conclusão de que tudo está profundamente conectado, logo soluções simples terão efeitos limitados. Por isso, as Organizações precisam incluir diferentes temas e agendas transversais, aprender a trabalhar com os complexos de regimes e criar sinergias dentro e fora do sistema ONU. Nesse contexto, a Agenda 2030 trouxe 17 Objetivos de Desenvolvimento Sustentável (ODS) e 169 metas a serem alcançadas até 2030.

A pandemia de covid-19 demonstrou, por exemplo, como saúde, meio ambiente, comércio, tecnologia e desigualdade social estão conectados. Ou seja, trata-se de uma *sindemia* – o conjunto de circunstâncias em que os determinantes sociais de saúde e a qualidade ambiental afetam diretamente a saúde das pessoas, de todas as idades. Os exemplos de comorbidades como obesidade, hipertensão, depressão, doenças respiratórias somam-se aos dados alarmantes sobre a fome e a pobreza. Ao ilustrarem a complexidade das agendas multilaterais, demonstram que nenhum Estado sozinho ou a Organização Mundial da Saúde (OMS) têm capacidade de solucionar uma crise como a da covid-19 sem cooperação internacional. Por isso, um dos principais motes da ONU, no âmbito da Agenda 2030, foi "não deixar ninguém para trás".

Ao longo do século XX, as Organizações Internacionais tornaram-se mais diversas, informais e complexas. Grupos, clubes, conferências das partes, painéis científicos, consórcios e fóruns são exemplos de instituições amorfas e transcontinentais que interagem com as Organizações Internacionais tradicionais e exercem influência crescente na ordem internacional. Ademais, a falta de liderança dos Estados Unidos e/ou do eixo euro-atlântico que sustentou a ordem ocidental liberal deixou vazios políticos que foram preenchidos por outros atores ou levaram algumas Organizações Internacionais a situações de crescente fragilidade ou de crise.

Nesse contexto de profundas mudanças contrapostas a grandes linhas de continuidade, o objetivo deste livro é apresentar o que são as Organizações Internacionais, como funcionam e qual a sua importância para as Relações Internacionais, a partir de grandes temas e agendas. No balanço geral, prevalece a constatação de sucessivos secretários-gerais da ONU de que as Organizações Internacionais têm potencial para entregar melhores resultados, mas padecem da falta de vontade política dos Estados-membros – foi o que destacou Kofi Annan (secretário-geral de 1997 a 2006) em seu relatório *Uma Agenda para a Paz* de 1992. António Guterres, que iniciou no cargo em 2017, executa seu segundo mandato com a mesma convicção. Na perspectiva das megatendências globais, como a difusão de poder, a interconexão de agendas, a fragmentação de processos decisórios e a privatização (ou empoderamento de atores do mercado), quem defenderá os interesses gerais da humanidade e a justiça planetária?

No que concerne ao século XXI, duas grandes questões se colocam para as Organizações Internacionais. A primeira é quais são as condições de possibilidade para que as Organizações Internacionais possam responder a desafios como futuras pandemias, segurança cibernética, direito espacial, uso ilegal de armas nucleares e outros riscos existenciais. A segunda é como promover reformas efetivas, para evitar a violência política e o aprofundamento da atual crise do multilateralismo. Há que pensar ainda sobre como acomodar as consequências dos recentes e simultâneos deslocamentos de poder para a Ásia do Sudeste e para o setor privado. Entretanto, com a maior diversidade de atores, serão maiores os conflitos de interesse, o que quer dizer que as Organizações Internacionais precisarão adotar processos decisórios inovadores diante de questões graves e urgentes, antigas e novas.

Isso posto, o livro está dividido em seis capítulos, que buscam apresentar aspectos centrais das Organizações e Instituições Internacionais, em uma perspectiva global, com o pano de fundo das principais questões que dizem respeito às Relações Internacionais contemporâneas. Outras áreas são exploradas, como o Direito Internacional, a ciência política, a Sociologia, a História e a economia, com o intuito de mostrar a abrangência das temáticas internacionais pertinentes.

Teoria e prática: a origem das Organizações Internacionais

Mapas históricos demonstram como as Relações Internacionais se transformam à medida que Estados soberanos foram criados, unificados e até extintos. Ao mesmo tempo, diversos atores e arranjos políticos contribuíram para o processo de institucionalização das Relações Internacionais. Convencionou-se afirmar que o sistema internacional é anárquico pelo fato de inexistir um governo supranacional. Entretanto, há uma ordem internacional, consolidada com a ONU, que foi fortemente pautada por valores ocidentais. Isso significa que alguns Estados não se sentem devidamente representados nos processos decisórios, mesmo após a adoção de medidas de distribuição geográfica na maioria das instâncias. O presente capítulo apresenta os conceitos de Organizações e Instituições Internacionais e destaca suas origens a partir de uma perspectiva histórica e diplomática. Traçamos sua evolução visando demonstrar que se trata de uma resposta à necessidade de unir esforços para manter a ordem internacional estável. O sistema das Nações Unidas teve um papel central na definição das Organizações Internacionais, embora haja um aumento significativo de organizações fora de sua órbita.

TEORIA DAS RELAÇÕES INTERNACIONAIS E ORGANIZAÇÕES INTERNACIONAIS

As Organizações Internacionais não surgem de um vazio político e legal. Ao contrário, são criadas por atores que assumem papel de liderança em momento oportuno, dentro ou fora da ONU, e logram sucesso na elaboração de seu escopo de atuação e depois de sua implementação, sem excluir o uso da força militar e econômica (Keohane, 1984). Até as organizações do século XIX passaram por padrões evolutivos semelhantes quando líderes nos processos decisórios conseguiram negociar o consenso necessário para a criação de uma dada organização. Embora alguns autores tenham defendido diferentes explicações – por exemplo, interesses geopolíticos, econômicos e comerciais, técnicos, humanitários, ambientais, entre outros –, fica claro que tais interesses não são isolados uns dos outros.

Se as Organizações Internacionais foram criadas por diferentes atores, do Estado ou externos (como os comerciantes e "empresários" do passado), ao longo do século XX houve uma intensa institucionalização das Relações Internacionais com o fortalecimento e a expansão do Direito Internacional Público. Dessa feita, as agendas de pesquisa em Relações Internacionais conformam um grande conjunto teórico e são complementares entre si. São também conectadas com outros campos do saber, como mencionado na Introdução.

O resultado do processo de institucionalização das Relações Internacionais foi o reconhecimento do Estado como principal ator, isto é, a adoção do princípio da soberania como pilar do Direito Internacional Público. Esta abordagem, denominada estadocêntrica, ou seja, o Estado é o primeiro sujeito de Direito Internacional. Consequentemente, apenas os Estados soberanos, assim reconhecidos pelos demais, têm personalidade jurídica, o que implica o direito de agir no sistema internacional e de criar Organizações Internacionais com personalidade jurídica secundária (isto é, as Organizações Internacionais são também sujeitos de Direito Internacional). Neste contexto evolutivo, o processo de criação de organizações é formalmente controlado por Estados soberanos, por meio da assinatura de tratados constitutivos – mas já houve alguns atores não estatais que influenciaram processos direta ou indiretamente.

A história das Organizações Internacionais é também fortemente marcada pelas grandes guerras. Até 1918, muitas organizações eram limitadas ao escopo local ou regional. Entretanto, com o emprego mais intenso dos instrumentos de Direito Internacional Público e da diplomacia, elas tornaram-se mais próximas do que hoje são as Organizações Internacionais. Algumas foram criadas com poucos membros e depois expandiram-se, como no caso da ONU, que contou 51 membros fundadores em 1945 e, em 2021, possui 193. Além disso, novas Organizações Internacionais foram criadas de forma mais autônoma com relação ao Estado, como o Clube Internacional de Financiamento ao Desenvolvimento (IDFC, da sigla em inglês), composto por bancos como o brasileiro Banco Nacional de Desenvolvimento Econômico e Social (BNDES). E outras organizações foram criadas por atores do setor privado, ao exemplo do esportivo: o Comitê Olímpico Internacional (COI) e a Federação Internacional de Futebol (Fifa), entre tantos outros. As normas da Organização Internacional de Normalização (ISO) também são resultado do setor privado, mas podem afetar diretamente a administração pública, como no caso da ISO para diversos temas, como sobre as cidades inteligentes.

Da mesma forma, não se pode esquecer aquelas que não têm *status* formal, mas que na prática possuem traços centrais de organizações internacionais, como grupos (G7 – grupo das sete grandes economias mundiais – e Grulac – Grupo dos Países Latino-Americanos e do Caribe), outros mais efêmeros (grupos chamados de *like-minded* durante uma negociação específica), fóruns (como o Ibas) e agrupamentos como o Brics (Brasil, Rússia, Índia, China e África do Sul), definido pelo Ministério das Relações Exteriores do Brasil. Existem também as organizações criminosas, como as redes de ilícitos transnacionais na Amazônia, a máfia siciliana, a Yakuza japonesa, o Estado Islâmico (EI), entre outros. Em suma, as Organizações Internacionais recobrem uma ampla lista de atores, que interagem de forma ainda pouco analisada nas Relações Internacionais. Por exemplo, parte do desmatamento florestal no Brasil é financiada por recursos oriundos de paraísos fiscais, o que ressalta os complexos vínculos transnacionais a partir dos quais as organizações ilícitas operam.

Com o processo de globalização advindo de cadeias de valor e da maior capacidade de atores não estatais de agir no cenário internacional, algumas empresas se tornaram muito poderosas em setores da mineração e petróleo, indústria e, mais recentemente, economia de dados, como Google, Apple, Facebook, Amazon (Gafa), Microsoft, Tesla, entre outras. Empresas gigantes podem ter influência muito marcante em processos decisórios, inclusive dentro da ONU (megatendência da privatização). Do mesmo modo que a intensificação das interações entre atores públicos e privados redesenhou os arranjos institucionais domésticos, também influenciou o nível internacional. Logo, a necessidade de reformas organizacionais é recorrente para atender às demandas de diferentes atores. Em suma, as organizações precisam de pessoas, processos e recursos novos e adicionais para responderem de forma mais efetiva aos desafios atuais, e assim contribuírem para a paz e segurança internacionais.

Além disso, o Direito Internacional Público passou de um direito de "coexistência" estabelecido pelos Estados soberanos reconhecendo seus próprios direitos para um "direito de cooperação". Ou seja, foram positivadas obrigações internacionais para todos, principalmente no que concerne aos direitos humanos (*erga omnes*), muito além do tradicional princípio *pacta sunt servanda*, no qual apenas o consentimento no contrato obriga as partes. Em outras palavras, no século XIX os Estados soberanos, notadamente os europeus, construíram um arcabouço normativo que reforçou seus direitos, ao mesmo tempo que suas obrigações internacionais deveriam ser aceitas e/ou consentidas por meio de assinatura de tratados. Mas, durante o século XX, o processo de criação de obrigações impôs vários limites à soberania nacional, como a obrigação do Estado de proteger seus cidadãos, de não agredir outros Estados e de não causar danos fora de sua jurisdição nacional.

Tais obrigações serão retomadas nos capítulos sobre direitos humanos e sobre meio ambiente e saúde.

Nesse contexto, a Teoria das Relações Internacionais foi inicialmente muito influenciada pela História, Filosofia, Ciência/Sociologia Política e principalmente pelo Direito Internacional Público. Como a principal pauta de pesquisa nas Relações Internacionais foi inicialmente atrelada aos desafios de segurança e defesa, as Organizações Internacionais foram tratadas como construções institucionais resultantes da assimetria de poder entre os Estados para manter o *status quo* em função dos interesses daqueles mais poderosos, como no caso dos vencedores da Primeira e Segunda Guerras Mundiais. Por isso, a literatura especializada de abordagem realista normalmente usa o ponto de partida do princípio da soberania e do direito de legítima defesa. Considera os Estados atores unitários agindo de forma racional (baseado no interesse nacional e na geopolítica) em cenários de anarquia, isto é, inexiste autoridade acima dos Estados.

Realpolitik, hegemonia e projeção de poder são conceitos recorrentes nessa agenda tradicional. Enquanto a *Realpolitik* corresponde à necessidade de pragmatismo na política do século XIX, pregando metas factíveis e eventual uso da força, a hegemonia implica liderança no sistema internacional, ou seja, a existência de um Estado capaz de exercer o papel de líder, inclusive para assegurar a estabilidade internacional. Consequentemente, as Organizações Internacionais são, em geral, vistas como arenas que atendem aos interesses de uma minoria que detém o poder, em detrimento dos outros. A pauta de pesquisa realista tem prevalecido na Teoria das Relações Internacionais, mas com diversas críticas ao longo das décadas. A linha realista é reforçada a cada vez que há um grande conflito ou crise, como no caso das duas Grandes Guerras Mundiais, da pandemia de 2020 e da segurança cibernética.

Outro exemplo emblemático foi consolidado com a recente megatendência de deslocamento de poder para a Ásia Oriental, com a rápida ascensão chinesa ao *status* de maior desafiante da hegemonia norte-americana desde o fim da Guerra Fria. Para a pauta de pesquisa realista, as organizações internacionais podem ser instrumentalizadas e até esvaziadas pelos grandes *players* nas diferentes agendas internacionais, principalmente em questões de geopolítica. Isso explica por que muitas vezes grupos e coalizões *ad hoc* são criados às margens das reuniões do Conselho de Segurança e da Assembleia Geral da ONU, por exemplo, funcionando como as alianças militares funcionavam nos séculos anteriores. Também podem ser alianças efêmeras, como os grupos *likeminded*, criados no esteio de negociações muito específicas, como nas rodadas da Organização Mundial de Comércio (OMC). Igualmente, Brics e Basic – Fórum Brasil, África do Sul, Índia, China –, ambos criados no início dos anos 2000, são casos analisados, em regra, a partir desse arcabouço teórico, destacando o interesse russo, chinês e indiano de fortalecer eixos em contraponto aos líderes ocidentais e à chamada "ordem liberal ocidental".

Em resposta à agenda de pesquisa realista na Teoria das Relações Internacionais, outras agendas e debates foram promovidos. No início do século XX, evocou-se a consolidação da corrente "idealista" ou "liberal", que corresponderia a um grande conjunto de filósofos, juristas e internacionalistas que buscavam alternativas para o emprego da força na regulação das Relações Internacionais. Com o desafio da construção de uma nova ordem internacional para substituir a *pax britannica* depois do final da Primeira Guerra Mundial, essa grande corrente, dificilmente passível de definição adequada, apostou no Direito Internacional como a solução para impor limites ao uso da força militar e ao risco de um novo conflito mundial. Para eles, de forma geral, se o arcabouço normativo nacional conseguiu organizar o que se chamava à época de "sociedade civilizada", garantindo a paz social, a estabilidade e o progresso, havia chegado o momento de extrapolar o modelo para a sociedade internacional, que seria regida por regras para todos. Assim, essa linha entendia que as Organizações Internacionais eram necessárias e, portanto, deveriam ser efetivas, inclusive por vezes contrariando os interesses das grandes potências.

Com a assinatura do Tratado de Versalhes, em junho de 1919, e a humilhação dos perdedores da Primeira Guerra Mundial, ficou claro que essa corrente não teve o impacto esperado no processo decisório que culminou com a criação da Liga das Nações. Um exemplo foi o discurso dos 14 pontos proferido pelo então presidente norte-americano Woodrow Wilson. Visto pelos idealistas como um chamado à coexistência pacífica com os princípios do reconhecimento da soberania e da autodeterminação dos povos (principalmente na Europa devastada), foi interpretado pelos realistas como uma estratégia diplomática para consolidar a emergência dos Estados Unidos como a nova potência do século XX, marcando o fim da hegemonia britânica.

No período entre as duas grandes guerras e depois da Segunda Guerra Mundial, a economia política internacional ganhou muito espaço. A importância da economia e do comércio foi uma das principais constatações do debate teórico, pois evidenciou-se que os Estados dependem do bem-estar uns dos outros, mas também de atores não estatais. Se isso tivesse sido observado no Crack de 1929, possivelmente os danos materiais teriam sido mais limitados. A falência das empresas concorrentes nos Estados Unidos provocou um efeito dominó que se alastrou a outros continentes, sem que as autoridades públicas e privadas fossem capazes de pensar em alguma ação coletiva para limitar os efeitos da crise. Logo, a separação entre *high politics* (as metas políticas de segurança e economia, que são as mais importantes) e *low politics* (as demais políticas) não fazia tanto sentido, pois geopolítica e economia não evoluem de forma isolada. Em outras palavras, depois de 1945, a cooperação passou definitivamente de um ideal moral e ético para uma opção diplomática, inclusive para a defesa de interesses individuais dos Estados soberanos.

Surgiram dessa pauta de pesquisa várias ideias que inspiraram diferentes correntes, como a *institucionalista*, na Teoria das Relações Internacionais. Para eles, interessava defender a necessidade de criação de organizações com capacidade de regular as grandes questões internacionais de forma pacífica: ameaça e uso da força, padronização de atividades, trabalho, fluxos migratórios, direitos humanos, transporte, saúde, alimentação, tecnologias, entre outras. Um dos principais desafios foi sintetizado no conceito de integração regional das décadas de 1970-1980, com foco no processo europeu. A integração regional seria simultaneamente o meio para garantir a coexistência pacífica entre vizinhos e a inserção fortalecida nos processos multilaterais. Logo, implicava a cooperação para o alinhamento diplomático e o reforço de uma identidade compartilhada, com valores como o estado de direito, a soberania, a democracia e o comércio regulado. Em geral, os institucionalistas defendem que as organizações são, além de imprescindíveis e legítimas, resultantes de negociação em dado contexto, ou seja, capazes de moldar o comportamento dos Estados e demais atores internacionais por meio de regras para todos.

Com o final da ordem bipolar, essa corrente de análise ganhou muita visibilidade, principalmente com a criação de blocos regionais como o Tratado Norte-Americano de Livre-Comércio (Nafta, na sigla em inglês), a Comunidade Econômica Europeia (CEE), o Mercado Comum do Sul (Mercosul) e diversas outras iniciativas, sendo os asiáticos os menos interessados nesse modelo de integração. A integração europeia foi o modelo mais sofisticado e serviu como inspiração para a construção do Mercosul. O grande choque com a abordagem realista se deu porque a soberania seria então limitada por instituições regionais (regras compartilhadas), o que ainda constitui um dos principais pontos de discordância entre os diferentes escopos de pesquisa na Teoria das Relações Internacionais.

Em suma, a teoria não pode ser dissociada do contexto internacional e nem dos seus grandes fatos e tendências, como conflitos e crises. Também é fortemente conectada a outros campos de saber, de forma cada vez mais profunda, haja vista que as Relações Internacionais se tornaram muito mais complexas depois do final da Guerra Fria. Não só se abriram novas oportunidades para a participação de atores que não são sujeitos de Direito Internacional Público, criando desafios do ponto de vista do funcionamento das Organizações Internacionais, como também se consolidou paulatinamente a ideia de que a fragmentação da agenda diplomática conduziu à baixa efetividade do multilateralismo. Logo, é imprescindível pensarmos em termos de bens públicos globais, como a paz e a segurança internacionais, que levem à prevalência dos direitos humanos sobre a razão de Estado, à estabilidade do clima, ao respeito aos limites planetários, entre outros. Consequentemente, interesse vital da humanidade, riscos existenciais, política planetária, Direito Global (em substituição ao Direito Internacional Público), pandemia, governança da sustentabilidade são alguns conceitos relativamente recentes que resgatam outros conceitos, como o interesse geral da humanidade e a solidariedade inter e intragerações.

RAÍZES HISTÓRICAS DA COOPERAÇÃO INTERNACIONAL

Ao longo da história, as tribos, os clãs e outras comunidades tentaram relacionar-se com os vizinhos, adotando costumes e instituindo padrões e regras de convivência e comércio – imposições que também acabaram por conduzir a inúmeras guerras. Tais modos de organização se distinguem muito entre a enorme quantidade de arranjos conhecidos, e não há nenhum ponto definitivo no tempo que determine o início das Organizações Internacionais. Há, porém, um período de evolução histórica das Instituições Internacionais que ganha força sobretudo a partir do século XIX, que hoje em dia resulta no que denominamos a ordem internacional.

As organizações que lidam com temas de segurança e defesa são provavelmente as mais recorrentes ao longo da história. A Liga de Delos (478 a.C.) foi uma união formada por diferentes Estados gregos, unidos sob a liderança militar de Atenas, com um propósito comum: defender a sua independência frente à ameaça do Império Persa. Comparado com as múltiplas tarefas complexas e interconectadas exercidas pelas Organizações Internacionais contemporâneas, o escopo da Liga de Delos foi bastante estreito. De fato, a Liga perdeu sua razão de ser quando seu propósito essencial foi alcançado, posto que o perigo imediato persa tinha passado. A Organização do Tratado do Atlântico Norte (Otan), de 1949, ao contrário, conseguiu reformar o seu conceito estratégico e permanecer poderosa, mesmo após a derrocada da União Soviética, tendo logrado êxito nos processos de adaptação a novos desafios. Iniciada em 1996 e oficializada em 2001, a Organização de Cooperação Xangai (OCX) também tem escopo de atuação amplo, com vistas à adaptação aos desafios contemporâneos.

Considerando Instituições Internacionais num sentido mais amplo, como normas de interação que moldam as relações entre os atores diversos, também encontramos muitos exemplos desde a História Antiga, como os códigos de Alarico de Justiniano. Até o sistema de regras que governava as relações entre Roma e as suas províncias, o Império Romano foi um criador de instituições inovadoras. Também no escopo do que hoje seriam chamados de "padrões técnicos", o Império Romano estabeleceu uma série de normas que persistiram por milênios, como o calendário, o alfabeto e a gramática latina. A enorme extensão desse Império significou que grande parte das regras e normas conformou as interações entre sucessivas civilizações.

É possível, porém, pensar em organizações históricas cuja autoridade não dependia necessariamente do reconhecimento de monarcas e autoridades, e cuja presença através de diferentes fronteiras nacionais as tornava justamente internacionais. Na Idade Média, a Igreja Católica constituiu uma importante Organização Internacional, com forte representação dentro de diversos Estados, com uma hierarquia interna e um conjunto de normas que os Estados cristãos não podiam ignorar. As suas diferentes congregações e ordens também funcionaram como organizações próprias e, em muitas ocasiões, foram importantes atores no jogo político. O papa Leão III coroou, por exemplo, o imperador Carlos Magno do Novo Império Romano do Ocidente. Os jesuítas tiveram papel significativo no processo de colonização das Américas, mas frequentemente também defendiam os povos indígenas contra as atrocidades cometidas pela Coroa espanhola. De maneira semelhante, a ordem dos Cavaleiros Templários constituiu uma força militar internacional com presença em vários Estados e capacidade para influenciar o equilíbrio de poder no Oriente Médio. Mais tarde, tornou-se um importante precursor do sistema financeiro internacional, elaborando um avançado esquema de empréstimos e circulação de dinheiro por meio de crédito e "contas" bancárias, algo até então inexistente.

Todavia, quando essa evolução é reportada na literatura especializada nas Relações Internacionais, frequentemente há um foco exagerado na história do mundo ocidental e uma negligência no que se refere ao passado de outras regiões. Estados do Sul, principalmente no Oriente Médio e Extremo, na África, bem como nas Américas pré-colombianas, também contribuíram para criar costumes, regras e a estrutura que definiram interações regionais e/ou internacionais. A China imperial é um bom exemplo de ator que ao longo de muitos séculos criou um sistema determinante para suas interações com os vizinhos. O que ficou conhecido como o sistema tributário chinês constituiu o pilar de uma ordem que o estudioso chinês Yaqing Qin (2010) chamou de "desigual, porém benigna".

Embora a ordem sinocêntrica nem sempre tenha sido pacífica, ela ofereceu um modelo geral de regras e protocolos que os Estados na Ásia Oriental geralmente seguiam, garantido certa estabilidade regional. Esse sistema sinocêntrico pressupõe uma relação de estabilidade entre o centro (China) e os Estados periféricos, na qual os últimos eram independentes, mas reconheciam em termos formais a superioridade da China por meio do pagamento de tributo ao seu imperador. Portanto, poder-se-ia afirmar que o sistema tributário chinês constituiu uma importante instituição regional e que, ao contrário do Império Romano, definiu o comportamento de Estados largamente independentes.

É interessante notar a diferença em relação ao sistema da Vestfália (1648), que estabeleceu a instituição fundamental para as Relações Internacionais no Ocidente: a soberania nacional. Ao contrário do sistema chinês, a ênfase do sistema vestfaliano na soberania baseou-se em igualdade jurídica entre Estados, cuja própria existência dependia da não submissão formal a outros poderes, mesmo que na prática isso continuasse a acontecer. A diferença entre as ordens históricas do Ocidente e do Oriente demonstra que as instituições resultam de relações de poder, a partir das quais são moldadas. Porém, instituições podem fornecer uma determinada ordem, e mesmo os Estados mais poderosos talvez não consigam controlar, como veremos em seguida.

A criação das Organizações Internacionais, tal como geralmente as conhecemos, é frequentemente datada pelo fim das Guerras Napoleônicas e pela circunstância do Congresso de Viena (1814-1815). Após uma época de revoluções e guerras no continente Europeu, o Congresso de Viena se deu com o objetivo de restaurar o poder das grandes monarquias por meio do estabelecimento de uma ordem baseada no equilíbrio de poder entre elas. Durante a conferência se formou o chamado Concerto Europeu, um sistema de encontros frequentes entre as grandes potências que visavam tratar das suas divergências sem recorrer ao uso da força militar, e que perdurou até a Guerra de Crimeia (1854).

Mesmo sem os atributos que reconhecemos em Organizações Internacionais modernas, o Concerto Europeu forneceu um foro de segurança coletiva que se assemelha muito aos arranjos especializados característicos da política internacional daquela época. Estabelecendo regras e normas a partir das quais as grandes potências poderiam perseguir os seus interesses, o Concerto criou previsibilidade e um certo nível de confiança mútua entre elas, aumentando a estabilidade do sistema como um todo. Portanto, o Concerto Europeu pode ser considerado um precursor importante das Organizações Internacionais, que atualmente servem como mediadoras das interações entre atores e, em certa medida, orientam as expectativas deles.

Para além da ordem criada entre os grandes poderes europeus, o século XIX também viu nascer uma série de comissões que tratavam de assuntos com natureza transfronteiriça. Ao longo da década de 1860, diferentes organizações e associações internacionais foram criadas, abrangendo uma grande diversidade de temáticas, relativas principalmente à segurança e ao comércio. A criação da União Telegráfica (1865), o Instituto de Direito Internacional (1873), a Associação do Congresso Internacional de Ferrovias (1885) e, mais tarde, a Comissão

Eletrotécnica Internacional (1906) forneciam tais ferramentas institucionais para governar a crescente interdependência econômica.

Por outro lado, associações e movimentos entre segmentos sociais ou grupos que compartilharam uma causa ou visão de mundo também começaram a ser formados em diferentes nações. Dessa maneira, nasceram, entre outros, os movimentos transnacionais de trabalhadores, mulheres, cientistas e pacifistas, que deram lugar, entre outros, à Internacional Socialista (1863) e ao Conselho Internacional de Mulheres (1888). O humanitarismo também surgiu nessa época, fortemente motivado pelas atrocidades das guerras do século XIX. A criação do Comitê Internacional da Cruz Vermelha (CICV) em 1863 e a primeira Convenção de Genebra (1864) são fortes expressões institucionais desse movimento.

A proliferação das Organizações Internacionais a partir da última parte do século XIX demonstra, portanto, que organizações são desenhadas para responder a demandas específicas e assuntos considerados relevantes. Isso ressalta a importância das Organizações Internacionais em cumprir um papel prático, por meio da sua especialização, por exemplo. Porém, como vimos, a alocação de confiança e a delegação de autoridade às organizações não são processos isentos de ideologia e implicações políticas.

Assim sendo, os diferentes impulsos de criação e fortalecimento (ou fragilização) das Organizações Internacionais se deram em momentos históricos, diretamente ligados a agendas domésticas. À guisa de ilustração, toda a construção do que se convencionou chamar de "sistema internacional de direitos humanos" foi fortemente pautada por processos domésticos, porém internacionalizados, como as revoluções francesa, soviética e chinesa, as guerras civis como a norte-americana e espanhola, a criação de Estados novos, como a Índia e Angola, a luta das mulheres por igualdade de gênero, a invisibilidade de refugiados e minorias, entre tantos outros. O debate geral sobre a importância das Organizações Internacionais em relação à autonomia dos Estados tem marcado muito a área de Relações Internacionais. Isso ocorre sobretudo no caso de grandes conflitos da primeira parte do século XX, os quais destacamos a seguir.

A LIGA DAS NAÇÕES

Após a destruição causada pela Primeira Guerra Mundial (1914-1918), que atingiu uma dimensão sem precedentes, criou-se o consenso entre os países vitoriosos de que a estabilidade da ordem nos moldes do Concerto Europeu deveria evitar tanto sofrimento no futuro. Além disso, movimentos pacifistas e feministas já haviam começado a militar pelo estabelecimento de um órgão internacional em prol da paz e do desarmamento, para prevenir futuras guerras, mas o pleito não fora acolhido pelos líderes das nações beligerantes. Isso mudou após a Primeira Guerra, que chegou a ser vista como "a guerra para acabar com todas as guerras", bordão que refletia o amplo ressentimento que passara a dominar a agenda internacional.

Nesse contexto, cabia um papel importante aos Estados vitoriosos para definir a ordem mundial pós-guerra. A França e a Grã-Bretanha ressaltaram que a Alemanha deveria pagar altas indenizações pelo custo econômico provocado pelo conflito. O presidente dos Estados Unidos, Woodrow Wilson se opôs e, no entanto, foi voto vencido. Na Conferência de Paz de Versalhes, em 1919, entre os líderes mundiais presentes, Wilson foi o mais enfático sobre a necessidade de construir uma ordem baseada nos princípios internacionalistas liberais. Em janeiro de 1918, Wilson proferiu um discurso em que anunciou 14 pontos que considerava fundamentais, esboçando uma visão geral sobre a política internacional, marcada pelos ideais de pacifismo e autodeterminação nacional. No último ponto, foi apresentada a necessidade de uma "Associação Geral de Nações" que encabeçasse esses princípios. No ano seguinte, em 1919, essa associação se materializou na forma da Liga das Nações, cujo propósito fundamental seria assegurar que futuros diferendos fossem resolvidos de maneira pacífica pela comunidade de nações independentes.

A fundação da Liga foi norteada pelas preferências das grandes potências, mas também por princípios da filosofia política liberal, cujas raízes estão no século XVIII. Na *Paz perpétua* (1795), Immanuel Kant mencionou uma liga de nações soberanas, comprometidas com os princípios racionais da coexistência pacífica, tanto no plano interno como externo. Essa visão refletiu-se em larga medida na Liga, que também foi baseada no pilar de cooperação entre Estados soberanos e segurança coletiva, com normas para regular atividades de guerra.

Ao longo dos seus 26 anos de existência, a Liga enfrentou uma série de obstáculos na tentativa de fazer valer as ideias e regras que fundamentaram sua criação. Entre eles, alguns dos mais difíceis foram a decisão do Senado dos Estados Unidos de não aderir à Liga, a sua incapacidade de proibir a agressão japonesa à Manchúria e italiana à Etiópia, a crise da Bolsa de 1929 e a expulsão da União Soviética. Entretanto, foi a impotência da Liga de prevenir o início da Segunda Guerra Mundial que fez com que ela fosse vista como exemplo da fragilidade das Instituições Internacionais frente aos interesses dos Estados poderosos. Porém, mesmo considerando essas deficiências, ela ofereceu uma experiência de institucionalização no plano internacional, até então inédita.

Desde a sua fundação, a Liga das Nações foi estruturada para atuar dentro de uma ampla gama de subáreas. Elas diziam respeito a temáticas gerais daquela época, abrangendo assuntos como trabalho, saúde, economia, transporte, cooperação intelectual, escravidão, refugiados e desarmamento, descritos no artigo 23 do Tratado de Versalhes. O trabalho técnico da Liga nessas áreas foi considerável, e constituiu uma preciosa inovação institucional. A atenção dada a grupos particularmente vulneráveis e a adoção de uma perspectiva universal sobre a defesa da dignidade e a prevenção do sofrimento humano, por exemplo, influenciaram fortemente as negociações multilaterais posteriores.

A Liga e as organizações associadas ampliaram a lista de atores com acesso à condução das Relações Internacionais, aos assuntos na sua agenda e ao número de interações através de fronteiras nacionais. Um exemplo central é a Organização Internacional do Trabalho (OIT), que adotou um processo tripartite de votos (Estados, empresas e empregados) e foi associada à Liga. Tendo sido fundada a partir do princípio de influência igualitária de todas as nações soberanas do mundo, ou seja, da ideia da igualdade dos Estados, a Liga também foi vista como um meio para garantir maior representatividade na política internacional, desafiando o padrão de domínio por parte das potências militares europeias. Porém, como visto, muitas vezes falhou na prática.

É possível dizer que o internacionalismo daquela época foi liberal em relação a países ocidentais e imperial na sua relação com o mundo não Ocidental, isto é, a opressão colonial não foi questionada com a fundação da Liga das Nações. Como foi registrado pela História, seu sistema também fracassou em garantir a proteção das minorias na escalada para a Segunda Guerra Mundial. As limitações da primeira grande experiência de criação de instituições eurocêntricas com vocação mundial são evidentes.

A Liga das Nações serviu como prova de que organizações e instituições que não contam com o apoio suficiente das grandes potências são pouco efetivas. Não obstante, na história das Instituições Internacionais, a criação da Liga constituiu um marco divisório, por ser um momento no qual ideias ambiciosas sobre paz e cooperação internacional, baseadas em princípios universais, ganharam corpo em forma de organizações. Em 1945, um contexto internacional mais propício permitiu que o projeto de uma grande Organização Internacional avançasse muito além das tentativas iniciais.

A CRIAÇÃO DA ONU COMO UM SISTEMA

O imenso sofrimento humano e o profundo trauma provocado pela violência da Segunda Guerra Mundial reforçaram a sensação da necessidade de evitar, com maior empenho, outra grande guerra. Dessa forma, a Segunda Guerra também teceu o pano de fundo para o estabelecimento do Sistema das Nações Unidas com o objetivo de assegurar a paz e a segurança internacionais. Começando com um intenso foco em questões relacionadas a guerra e paz, esse sistema evoluiria para um arcabouço institucional das mais diversas organizações encarregadas de enfrentar os diferentes desafios da humanidade.

As primeiras ideias sobre as Nações Unidas, tal como as conhecemos hoje, nasceram das articulações feitas entre as partes aliadas durante a Segunda Guerra Mundial, quando o resultado do conflito ainda estava incerto. Não obstante, a preocupação com o ordenamento mundial no pós-guerra já tinha começado a marcar os grandes poderes que combatiam os países do Eixo. No começo de 1942, os líderes dos EUA, Grã-Bretanha, União Soviética e Taiwan assinaram a Declaração das Nações Unidas. Num primeiro momento, essa declaração chamou os signatários para empregarem todos os seus recursos no combate ao Pacto Tripartite (Alemanha, Itália e Japão), mas também ressaltou que seria um passo necessário para preservar a vida, a liberdade, a independência e os direitos humanos em nível mundial.

Reuniões de cúpula entre os Estados Unidos e a Inglaterra foram realizadas sobretudo antes do final da Segunda Guerra Mundial, porém uma das mais importantes ocorreu em Yalta, em 1945, envolvendo também a União Soviética. O objetivo principal das discussões desenvolvidas na Conferência de Yalta era o planejamento da nova ordem (dos vencedores) e da execução da ONU e das primeiras iniciativas necessárias para responder aos problemas mais urgentes, principalmente a reconstrução da Europa, devastada pela Grande Guerra. Curiosamente, a reconstrução do Japão não ocorreu nos mesmos moldes, pois o processo de reconstrução foi claramente definido pelos Estados Unidos.

Posteriormente, mais países aderiram à declaração de criação das Nações Unidas, e 47 assinaram o documento até o final de 1945. À medida que a invasão da Alemanha pelos Aliados crescia e a sua rendição tornava-se cada vez mais premente, a primeira Conferência das Nações Unidas foi convocada em São Francisco, em abril de 1945. Cinquenta Estados participaram do encontro, que resultou na Carta das Nações Unidas (assinada em 26 de junho de 1945), tendo a Polônia assinado como membro fundador. Oficialmente, então, a ONU foi criada em 1945, com sede em Nova York. Bem depois foram abertos escritórios em Nairóbi, Genebra e Viena.

A Carta constituiu o documento fundador da Organização e estipulou uma estrutura baseada numa Assembleia Geral (AGNU), na qual todos os países-membros teriam direito a voto, e um Conselho de Segurança (CSNU), com cinco membros rotativos e cinco membros permanentes (os *big five:* os EUA, a União Soviética, o Reino Unido, a França e Taiwan). Os membros permanentes poderiam bloquear resoluções no âmbito do CSNU, ou seja, tinham direito de veto *de fato*, mesmo que o termo *veto* inexista na letra da Carta da ONU. Tendo sido elaborada após o final da Segunda Guerra Mundial, a Carta das Nações Unidas foi caracterizada pela percepção de que a "alta política" tratava das grandes questões de guerra e paz. Estipulava a necessidade de adotar meios pacíficos para a resolução de conflitos entre Estados soberanos e estabelecia uma série de mecanismos a serem acionados para isso. Entre eles, a força militar somente poderia ser empregada em última instância, ou seja, após o esgotamento de outros meios, e se sancionada pelo Conselho de Segurança (como veremos no próximo capítulo).

Também foram criadas as instituições de Bretton Woods: o Fundo Monetário Internacional (FMI) e o grupo Banco Mundial (BM). Entretanto, ambas são muito diferentes do sistema, tanto pelo funcionamento, como pela regra de votos e pelo pacto informal que preconizava que seus presidentes seriam sempre dos Estados Unidos para o BM e da Europa para o FMI. Havia um terceiro pilar previsto, a Organização Internacional do Comércio (OIC), que não foi criada por rejeição de Washington.

Outros órgãos estabelecidos na Carta da ONU foram: o Secretariado, o Conselho Econômico e Social (Ecosoc), o Conselho de Tutela e a Corte Internacional de Justiça (CIJ). Naturalmente, a Carta de 1945 não trouxe muitos detalhes relativos aos seus respectivos funcionamentos. Foi necessária a criação de regras e o desenvolvimento de uma verdadeira burocracia, com uma cultura institucional própria. Houve, anos depois, uma série de organizações incorporadas ou criadas para complementar o que seria posteriormente chamado de sistema ONU. Foram então concluídos acordos com o Ecosoc para que outras organizações se tornassem parte do Sistema ONU, sendo que a maioria delas teria sua sede na Europa, principalmente em Genebra, Paris e Londres. Ainda na década de 1940, várias organizações integraram o Sistema ONU, tais como a Organização Internacional do Trabalho (OIT), a Organização Mundial da Saúde (OMS), a Organização da Aviação Civil Internacional (Oaci). Outras foram criadas, como a Organização das Nações Unidas para a Educação e Ciência (Unesco), a Organização para Agricultura e Alimentação (FAO) e o Fundo das Nações Unidas para a Infância (Unicef). Por demanda dos países que na ordem bipolar eram chamados de Terceiro Mundo ou países subdesenvolvidos, foram criadas outras Organizações Internacionais, como a Conferência das Nações Unidas para Comércio e Desenvolvimento (UNCTAD) e a Organização das Nações Unidas para o Desenvolvimento Industrial (Onudi).

Em 1948, a Declaração Universal de Direitos Humanos foi assinada, estabelecendo um marco normativo fundamental, que posteriormente daria lugar aos Pactos de Direitos Políticos e Civis (1966) e Direitos Econômicos, Sociais e Culturais (1966). Ressalte-se que os Pactos foram separados por falta de consenso entre Washington e Moscou. Declarações de proteção de grupos vulneráveis e uma série de declarações regionais nas quais os signatários se comprometeram com os princípios fundamentais dos direitos humanos também foram assinadas ao longo da segunda metade do século XX. Também foram criadas cortes regionais de direitos humanos nas Américas, África e Europa. Apesar dessa profunda institucionalização, a criação do Tribunal Penal Internacional (TPI) demorou décadas, ocorrendo apenas em 2002.

Outrossim, duas grandes iniciativas não lograram sucesso e tornaram-se apenas programas. São elas: o Programa das Nações Unidas para o Desenvolvimento (PNUD) e o Programa das Nações Unidas para o Meio Ambiente (PNUMA). Paradoxalmente, duas agendas tão importantes quanto complexas nunca tiveram uma organização capaz de centralizar prioridades e processos. Ao contrário, os temas relativos a desenvolvimento e meio ambiente são transversais, logo tratados por diversas agendas, das mais diversas organizações, dentro e fora do sistema ONU.

Durante a Guerra Fria, marcada pela corrida armamentista e nuclear, o sistema foi gradativamente fragmentado pela falta de coerência entre as partes. Além de competição por financiamento e projetos, muitas organizações acabaram adotando objetivos que se sobrepunham. Por exemplo, a Unesco lançou o programa *Man and Biosphere* (MAB), que focava nas questões ambientais, antes da criação do PNUMA. A Unesco e a Unicef trataram das questões relativas à infância, mas com abordagens distintas. Intensificaram-se então debates relativos à necessidade de reformas do sistema, as quais permanecem como o grande desafio da ONU até hoje, para evitar a competição entre organizações. Uma das soluções para criar sinergias dentro do sistema, discutida mais à frente, foram as grandes agendas da ONU, principalmente a partir da Agenda 21, de 1992.

Dessa maneira, um sistema que inicialmente objetivava evitar a guerra entre Estados ampliou-se e consolidou-se. Um vetor central nesse processo foi a propagação do universalismo, visto como um princípio básico de que todos os seres humanos, independentemente dos Estados nos quais residem, têm direitos mínimos de liberdade e sustento material, e que é tarefa da comunidade internacional buscar garanti-los. O longo processo de expansão do sistema ONU permitiu o que se convencionou denominar de "diplomacia de conferências" ou "diplomacia multilateral". Nessa época resgatou-se o multilateralismo nos moldes do Congresso de Viena (1815), quando a Santa Aliança foi criada para garantir o equilíbrio de poder na Europa. Sob a liderança de Washington, o conceito de multilateralismo ganhou novo impulso depois de 1945, tanto para o público norte-americano, como para os demais Estados. Entretanto, as reuniões multilaterais se tornaram tão numerosas que muitos países em desenvolvimento perderam a capacidade de acompanhar todas as negociações formais sob a égide da ONU.

Na década de 1990, com o fim da ordem bipolar, o sistema ONU ganhou novo alento. As condições sistêmicas permitiram a realização de grandes conferências sobre diversos temas, como direitos humanos, crianças, mulheres, habitação, meio ambiente e desenvolvimento. Por isso, a década ficou conhecida como um ponto de inflexão na evolução do sistema, quando a expectativa de um multilateralismo efetivo foi extremamente alta. Com a assinatura e posterior ratificação de diversos tratados multilaterais negociados sob a égide da ONU, o Direito Internacional Público saiu fortalecido.

Todavia, os anos 1990, a "década das conferências", foram também marcados pelo fortalecimento da hegemonia dos Estados Unidos, a expansão da integração da Europa (com o estabelecimento da União Europeia), a emergência de alguns países como China, Índia e Brasil e diversas crises diplomáticas na Europa oriental e no Oriente Médio, muitas vezes ligadas ao terrorismo. Na virada do século XX para o XXI, o sistema foi marcado por uma crescente fragmentação institucional e pelos resultados mitigados concernentes ao desenvolvimento internacional baseado nas cadeias internacionais de valor. Por isso, além de várias iniciativas de reforma, em 2000 foi adotada a Agenda do Milênio, com oito Objetivos de Desenvolvimento do Milênio (ODM). Nesse período, a ciência foi reconhecida como uma das principais bases de ação coletiva, para implementar de forma mais efetiva o paradigma de desenvolvimento sustentável, consolidado com a Cúpula da Terra no Rio de Janeiro em 1992, assunto que será discutido no capítulo sobre meio ambiente e saúde global.

Foi também reconhecido o início de uma nova época geológica, o Antropoceno. Adotar o conceito de Antropoceno implica admitir que a humanidade se tornou o principal vetor de perturbação de dinâmicas planetárias, como as alterações climáticas. Decorrem daí mais duas consequências. A primeira é que a humanidade precisa assumir o comando de uma ação coletiva que conduzirá às possíveis soluções de mitigação dos problemas que ela própria criou. É preciso buscar, então, modificar comportamentos e rotinas, padrões de produção, consumo e descarte, coletivos e individuais, em um processo de profunda mudança da sociedade e das economias globais. A segunda consequência implica compreender que humanidade é o total de pessoas vivas neste momento, porém entre os povos há uma crescente disparidade social em escala global, sendo que 1% dos mais ricos detém quase a metade da riqueza mundial. Além disso, os países desenvolvidos consomem muito mais do que os demais. Por isso, a pegada material deles (a medida do total de recursos naturais usados) é quase 13 vezes superior à pegada material dos países menos avançados, segundo o Relatório relativo aos Objetivos de Desenvolvimento Sustentável, apresentado pelo secretário-geral da ONU, António Guterres, em 2019.

Frequentemente, as grandes ambições universalistas norteadoras da Organização das Nações Unidas de criar um mundo mais pacífico e humano têm se chocado com as complexas realidades da existência social e com as dificuldades da árdua tarefa de incentivar a cooperação internacional com ganhos difusos. Da mesma maneira, por ser constituída por países com culturas, instituições e interesses políticos muito variados, a ONU também enfrenta claras limitações próprias – fato do qual não faltam exemplos concretos em sua existência de mais de sete décadas (Barnett e Finnemore, 2004). Mesmo assim, considerando as premissas fundamentais de mundo em constantes transformações, é possível dizer que os esforços de cooperação internacional por meio das Nações Unidas constituem importantes opções, entre outras disponíveis, para enfrentar os desafios globais.

A construção da segurança coletiva

A preocupação com a sobrevivência imediata é um dos traços fundamentais da existência humana, tanto como indivíduos quanto como grupos sociais. No cerne da própria consolidação de tribos, cidades, países e impérios esteve sempre a aspiração de criar uma força interna que garantisse a autodefesa contra inimigos externos. Dessa forma, a busca por segurança foi um elemento de importância absolutamente central nas Relações Internacionais, moldando as interações entre os Estados. Este capítulo destaca que a segurança coletiva foi a principal motivação dos atores internacionais para a criação da Liga das Nações e da ONU, corroborando a importância da participação das grandes potências nas negociações e das realidades da distribuição de poder na efetividade dos arranjos institucionais.

A Liga das Nações, e mais tarde as Nações Unidas, merecem especial atenção por sua missão altamente ambiciosa de buscar a paz e a segurança internacional. Enquanto a primeira fracassou, a segunda tem ao menos oferecido uma estrutura para mediação de conflitos que pode ter evitado um desastre na proporção das guerras mundiais. Nesse sentido, destacamos o papel do Conselho de Segurança e sublinhamos que ele permanece a principal arena de diálogo entre as grandes potências, notadamente em torno dos dois eixos mencionados, o euro-atlântico e o sino-russo. Não obstante, existem ainda controvérsias relacionadas aos arsenais nucleares, ao uso da força, à intervenção militar, a como enfrentar as novas ameaças à segurança global e à atual distribuição de poder, formal e informal. Tais questões serão discutidas neste capítulo.

A HERANÇA DA LIGA DAS NAÇÕES E A MANUTENÇÃO DO *STATUS QUO*

O fracasso da Liga das Nações em evitar a Segunda Guerra deixou como principal lição a importância da presença de todas as potências da época para um arranjo futuro de poder. Outra lição diz respeito ao propósito fundamental das questões concernentes à paz e à segurança internacional, que foram destacadas no primeiro artigo da Carta das Nações Unidas. No segundo artigo da Carta, a importância de os membros resolverem seus conflitos por meios pacíficos é ressaltada, bem como a regulamentação do uso da força pelo Direito Internacional. Os princípios baseados em universalismo e pacifismo difundidos na Carta da ONU também correspondem às ideias da Liga das Nações. Entretanto, cabe a seguinte pergunta: se a Liga fracassou, por que tentar de novo? Entre as respostas plausíveis, a principal é, sem dúvida, a escolha das potências vencedoras, notadamente os Estados Unidos, por construir então uma ordem internacional fundamentada mais em Instituições e Organizações para garantir maior estabilidade e previsibilidade no futuro. Em outros termos, prevaleceu a opção de Washington pelo multilateralismo.

Considerando a rivalidade entre os Estados Unidos e a União Soviética, a ordem da Guerra Fria permaneceu marcada pela disputa por poder e influência em outros continentes. Garantir que a ONU se tornasse eficiente na resolução de conflitos armados, portanto, foi essencial para evitar uma repetição da história. A ONU, como mencionado, herdou lições do funcionamento da Liga das Nações. É importante sublinhar também suas semelhanças: ambas se baseavam em uma estrutura ampla de afiliação de diversos países; continham um corpo "executivo"; tinham como fundamento a segurança coletiva; e reconheciam o princípio da soberania dos membros.

Entre suas diferenças, tem-se, no entanto, a maneira como operaram. Enquanto a Liga das Nações adotou a ideia de que o bem comum e as normas pacifistas poderiam fundamentar os esforços para a paz, a ONU partiu do pressuposto de que os Estados estavam fundamentalmente interessados em poder e que guerras inevitavelmente aconteceriam. O papel da ONU, portanto, seria o de evitar conflitos quando possível; porém, quando não houvesse essa saída, trataria de limitar suas consequências e evitar, principalmente, que eventuais hostilidades envolvessem outros Estados. Outra lição central foi adotar segurança coletiva em vez de alianças secretas e efêmeras. A geopolítica deveria se tornar mais previsível com a construção de confiança de todos em relação a todos, com o desenvolvimento de um arcabouço institucional coletivo. Assim, um Estado agressor seria sancionado pelos demais.

Na Assembleia e no Conselho da Liga das Nações, todas as decisões eram votadas por unanimidade. Na ONU, ao contrário, somente os membros permanentes do Conselho de Segurança possuíam poder de veto, como já mencionado. Mesmo quando consideramos a frequente paralisação do CSNU durante a Guerra Fria, dadas as rivalidades geopolíticas, comparado com a Liga, ele foi mais capaz de alcançar os interesses dos seus membros mais poderosos, e provavelmente por isso manteve seu papel de relevância.

Do ponto de vista das Teorias das Relações Internacionais, as diferenças entre essas duas experiências de Organizações Internacionais também podem ser destacadas. Dado o idealismo inerente ao projeto da Liga das Nações, ela se aproxima do pensamento liberal. Contudo, a Liga funcionou com um concerto de grandes potências europeias rivais, principalmente França e Grã-Bretanha. A criação da ONU, ao contrário, possui traços teóricos realistas, por causa da sua sensibilidade às relações de poder no momento do seu estabelecimento. Contudo, adotou uma perspectiva mais institucionalista com a observância de sua Carta.

Visto numa perspectiva mais ampla do desenvolvimento das Organizações Internacionais, a Liga das Nações constitui um passo significativo que mais tarde forneceria o fundamento para a criação da ONU. Muitas falhas da Liga foram corrigidas na ONU, que ao longo da sua existência se tornou relevante em muitos sentidos, mesmo que sempre enfrentando as limitações advindas de ter de buscar vontade política e consenso entre os seus 193 Estados-membros. Embora a quantidade de conflitos armados tenha oscilado, mas permanecida alta, e a violência tenha se disseminado nas sociedades, conflitos armados interestatais foram reduzidos de forma significativa. O papel da ONU nesse feito não é insignificante.

Portanto, o relativo sucesso da ONU comparado à Liga das Nações deixa evidente que, na área de segurança coletiva, instituições internacionais não são bombeiros que sozinhos apagam o fogo num mundo conflituoso. Ao contrário, devem ser julgadas por sua capacidade de fornecer espaços de deliberação e ferramentas institucionais para os Estados, que no final das contas têm a última palavra em assuntos como paz e guerra.

O CONSELHO DE SEGURANÇA COMO PILAR CENTRAL DA ORDEM INTERNACIONAL

O desenho institucional do Conselho de Segurança das Nações Unidas (CSNU) foi pensado para responder a um duplo desafio, evitando reproduzir as mesmas falhas da Liga das Nações. Criado pelo capítulo V da Carta da ONU e dirigido pelo plano estratégico do Comitê de Estado Maior, o CSNU é o menor grupo de potências com amplos poderes discricionários. Logo, há uma concentração de poder, inclusive nuclear, sem precedentes na história.

Por um lado, o CSNU deveria cumprir a missão precípua de evitar uma terceira guerra mundial; deveria ter efetividade, mas não unicamente ao sabor dos interesses das potências ou sem limites. Como disse o então secretário-geral Dag Hammarskjöld: "A ONU não foi criada para nos levar ao paraíso, mas sim para nos salvar do inferno". Logo, o CSNU deveria ter poder para agir, ou seja, acomodar os interesses das superpotências da época, Estados Unidos e União Soviética, bem como das potências europeias em declínio, Reino Unido e França, e, num primeiro momento, Taiwan (República da China), que seria a rival natural do Japão na região. Dessa forma, a ordem internacional seria mantida a partir do consenso dos membros permanentes sobre o uso da força, no arcabouço diplomático da segurança coletiva.

Sem ter exércitos ao seu dispor, o CSNU teria que construir o consenso necessário para lidar com os demais membros da ONU (capítulo VI da Carta da ONU) e decidir como reagir ao que seriam as futuras ameaças à ordem internacional e ao uso indevido da força, à ruptura da paz e aos atos de agressão (capítulo VII da Carta). Assim, os cinco membros permanentes trabalham com seis membros rotativos, eleitos com mandato de dois anos pela Assembleia Geral, assegurando a representação geográfica por região. Todavia, o CSNU ficou inoperante diversas vezes, em razão da ameaça dos cinco membros permanentes (P5) de votarem contrariamente à resolução em discussão. Taiwan/China foi o membro que menos usou o chamado "poder de veto", enquanto a União Soviética foi o que mais usou, seguida pelos Estados Unidos – principalmente durante a Guerra Fria.

O Conselho, de outro modo, deveria ter alta legitimidade para interagir com o secretário-geral da ONU, com a Assembleia Geral das Nações Unidas (na qual cada Estado-membro tem um voto) e com as organizações regionais de segurança. No âmbito da agenda de segurança coletiva, há de fato um sistema assimétrico, em que o Conselho de Segurança tem poucos membros e muito poder, enquanto a Assembleia Geral tem muitos membros e pouco poder. Por isso, houve momentos em que o CSNU foi comparado a um diretório, com a institucionalização de alta concentração de poder e um processo decisório fechado em comparação com o restante da ONU.

Durante a Guerra Fria, por causa da rivalidade entre Washington e Moscou, a agenda de segurança coletiva foi marcada por conflitos em outros continentes, com a participação direta e indireta das duas potências, bem como pela corrida armamentista. No início da década de 1960, a crise dos mísseis de Cuba mostrou a inutilidade do CSNU, ou melhor, a importância de negociações bilaterais em casos extremos. Ao longo das décadas, houve vários debates sobre a necessidade de reforma do CSNU, inclusive à margem de reuniões oficiais em Nova York. Porém, apenas duas foram efetivamente implementadas: uma, em 1965, para a ampliação do número de membros não permanentes, que passou de seis para dez; a outra, para a substituição de Taiwan pela República Popular da China, em 1971. Esta última foi arquitetada por Washington, sob a presidência de Nixon, para se aproximar de Pequim. Com o final da ordem bipolar, foram elaborados diferentes projetos de reforma no Conselho. Diversos grupos foram criados, como o Grupo Africano, G-4, UfC, L.69 e C-10.

O G-4 foi composto em 2004 por iniciativa japonesa com Brasil, Alemanha e Índia, que tinham a ambição de se tornarem membros permanentes do CSNU. Também tinham em comum o fato de serem economias robustas ou emergentes, com destaque no nível regional, mas também forte oposição de seus vizinhos, como Itália, Argentina e Paquistão (e por isso mesmo não podem ser considerados líderes regionais). O Brasil foi um grande defensor da reforma, com argumentos contundentes como "multipolaridade sem multilateralismo" do então chanceler Celso Amorim e "risco de falência sistêmica" do então chanceler Antônio de Aguiar Patriota. Atualmente, considera-se que a janela de oportunidade foi fechada em 2005, pois não houve espaço para avançar com a agenda rumo a uma reforma efetiva.

Ao longo da sua história, o CSNU enfrentou seriíssimas crises humanitárias e fracassou parcialmente na prevenção e solução de conflitos, desprovido de mecanismos adequados para a manutenção da paz. A disseminação da violência nas sociedades, decorrente do aumento do tráfico de pessoas, drogas e armas, extremismos políticos e religiosos, são fatores que agravaram os limites do CSNU no escopo da segurança coletiva. Outras questões centrais, porém menos visíveis na agenda do CSNU, foram a mudança global do clima e a crise da pandemia da covid-19. São ameaças e riscos, de acordo com o Relatório Global Risks do Banco Mundial (2021), que porém escapam da área de atuação do CSNU por exigirem respostas da ONU como um sistema, e não com o uso da força militar.

Apesar de o Conselho de Segurança ter tido seu funcionamento muitas vezes enviesado em razão da Guerra Fria, com inúmeros vetos, ameaças de veto e arranjos políticos informais, logrou muitos sucessos. Certo é que não se pode atribuir unicamente ao CSNU o sucesso nas negociações sobre a legalidade da ameaça e do efetivo uso da força. Muitas vezes, os membros P5, junto com outros aliados, decidiram sobre os casos em paralelo ao funcionamento formal do CSNU, como nas operações militares no Iraque e na Líbia, contra Saddam Hussein e Muammar Kadafi, bem como na Guerra Civil Síria, que teve início em 2011. Nesse contexto, os membros P5 acabaram divididos no mesmo padrão de eixo de poder da ordem bipolar: o eixo euro-atlântico, baseado notadamente no poder bélico da Otan *versus* Pequim e Moscou.

Formou-se depois um maior alinhamento entre Moscou e Pequim, o que não se compara ao eixo da Otan, mas as duas potências cooperam em iniciativas importantes como a Organização de Cooperação de Xangai (OCX) e no Brics, além de diversos outros grupos menores, fóruns de consultas e reuniões bilaterais. Interessa menos comparar os dois eixos estruturantes do que valorizar o fato de que Moscou e Pequim são rivais que se aproximaram muito, principalmente sob a presidência de Vladimir Putin e Xi Jinping. Também atuaram mais alinhados nas tratativas de diversos conflitos, como nos casos recentes da Síria e da Venezuela.

A OTAN E A SEGURANÇA COLETIVA

A Organização do Tratado do Atlântico Norte (Otan) foi criada como uma aliança de defesa, marcada pela divisão da Europa pela "cortina de ferro" logo após a Segunda Guerra Mundial. De acordo com Lord Ismay, primeiro secretário-geral da Otan, seus objetivos iniciais eram manter a União Soviética longe, os Estados Unidos por perto e a Alemanha sob controle. A Otan sofreu várias reformas no seu modo de funcionamento e conceito estratégico, principalmente depois da queda do Muro de Berlim e da *fatwa* (decreto religioso) contra o escritor Salman Rushdie. Em meados de 1990, a Otan chegou a ser avaliada como o desejável "braço armado" da ONU, para assegurar operações de paz em substituição aos arranjos *ad hoc*, conhecidos como as tropas de "capacetes azuis". Em outros termos, a Otan chegou a ser o principal referencial europeu para a segurança coletiva, notadamente após a Guerra da Bósnia. Todavia, os Estados dos outros continentes discordaram veementemente.

Entre as grandes reformas da Otan estão a expansão do seu terreno de operações, delegação de poderes de comando para os europeus e a criação de diferentes tipos de aliados estratégicos, para incluir países como a Turquia e o Brasil. Devido ao atual reforço do eixo de poder sino-russo, a Organização precisou ser atualizada. Com o Brexit, em 2020, e a guinada na política externa dos EUA, uma nova versão da Carta do Atlântico de 1941 foi assinada entre o primeiro-ministro britânico, Boris Johnson, e o presidente norte-americano, Joe Biden, em junho de 2021. Além de revitalizar o eixo estratégico euro-atlântico, a Nova Carta do Atlântico defende princípios, valores e instituições democráticos. Além disso, a Otan tem se preparado para atuar sobre a demanda de segurança cibernética.

Em resposta à Organização, o lado soviético criou o Pacto de Varsóvia em 1955. Consistia em um modelo de segurança coletiva centralizado, por meio do qual Moscou controlava praticamente tudo e tinha supremacia no comando militar. Após várias crises internas, a aliança acabou se enfraquecendo e perdeu a razão de ser. Com o final da Guerra Fria, houve a tentativa moscovita de criar a Comunidade dos Estados Independentes (CEI) com escopo mais amplo do que segurança, mas ela funcionou muito aquém das expectativas.

No que concerne à segurança regional americana, foi central a preocupação com ingerência das grandes potências desde a realização em Washington da Primeira Conferência Internacional Americana, em 1889. Foi criada a União Internacional das Repúblicas Americanas, que seria o embrião do sistema interamericano. Em 1947, foi assinado o Tratado Interamericano de Assistência Recíproca (Tiar), ou Tratado do

Rio. Porém, com a Guerra das Malvinas em 1982, ficou claro o limite de funcionamento do Tiar e a vocação euro-atlântica de Washington.

Junto com o Tiar foi criada em 1948 a Organização dos Estados Americanos (OEA), em Bogotá, com quatro pilares: democracia, direitos humanos, segurança e desenvolvimento. Além da união de países vizinhos, foram traços centrais da segurança coletiva interamericana o reforço do Direito Internacional Público e a resolução pacífica de conflitos. Entretanto, a Doutrina Monroe, sobre a "América para os Americanos", foi interpretada pelos países latino-americanos como uma proteção contra as potências coloniais europeias, mas também como uma ameaça de Washington para a região, principalmente no cenário de expansão do comunismo da década de 1960.

Os sul-americanos lançaram algumas iniciativas de segurança regional, com geometrias variáveis. A Declaração sobre Segurança nas Américas de 2003 constituiu um esforço de adaptação a uma agenda mais ampla. Nessa linha, a União de Nações Sul-Americanas (Unasul) foi criada em 2008 e, depois, substituída pelo Foro para o Progresso da América do Sul (Prosul) em 2019. Contudo, cooperação militar e iniciativas relativas às operações de paz na ONU não se restringem a arranjos regionais.

Outras alianças de segurança e defesa foram criadas ao longo do século XX em diferentes continentes, igualmente com escopo mais amplo do que o militar, ou ampliado ao longo dos anos de forma geral, para responder melhor às causas dos conflitos. Entre elas, a Liga Árabe, criada em 1945, merece destaque na região. Enquanto na Ásia houve raras iniciativas, com destaque para a Associação de Nações do Sudeste Asiático (Asean), criada em 1967 como um foro regional, no continente africano, ao contrário, foram diversas iniciativas, como a Organização da Unidade Africana (OUA) depois rebatizada União Africana (UA), a Comunidade Econômica dos Estados Africanos Ocidentais (ECOWAS, na sigla em inglês). Além de terem agendas de segurança profundamente imbricadas com outras relativas à segurança energética, climática e alimentar, as organizações regionais enfrentam, de forma geral, desafios tradicionais relativos a fronteiras e ilícitos tradicionais. Outra característica geral é que são ligadas à ONU, porém detêm bastante autonomia para a gestão de conflitos.

Ao longo da história contemporânea, a agenda de segurança coletiva tem sido moldada pelo constante surgimento de novos desafios, que passam a definir as agendas multilaterais. Durante a Guerra Fria, a questão nuclear era o centro das atenções, mas com o fim da polarização, em 1991, conflitos internos e novas ameaças à segurança chegaram ao topo das agendas multilaterais e regionais, devido à disseminação de conflitos intraestatais e à proliferação de ataques cibernéticos. Neste capítulo, revisaremos essas tendências centrais, oferecendo uma perspectiva mais clara sobre os desafios atuais, a começar pela impossibilidade de se definir quem são "os inimigos". Ou seja, a agenda de segurança e defesa corresponde à combinação das ameaças tradicionais com novas formas de risco, como terrorismo, catástrofes naturais e sanitárias, além de crimes cibernéticos, por exemplo. Por isso, a força militar, a inteligência e a estratégia para o século XXI precisam ser sistematicamente revisitadas.

O ARSENAL NUCLEAR E O DIFÍCIL DESARMAMENTO

A utilidade das armas nucleares está longe de ser um ponto pacífico nas Relações Internacionais. Enquanto alguns observadores defendem que a doutrina da dissuasão, ou de *destruição mútua assegurada* (MAD, da sigla em inglês, que também significa *louco*), teria servido como freio à escalada dos conflitos armados até o presente momento, outros, ao contrário, destacam que o arsenal nuclear é um risco vital para a humanidade. Entre o final da década de 1940 e o presente, estima-se que mais de 2 mil testes nucleares tenham sido realizados, sendo os Estados Unidos responsáveis por 1030 e a União Soviética por 715, segundo a Associação Arms Control. Nessa época, as duas superpotências destacaram-se pela superioridade tecnológica em diversos setores, como a engenharia espacial.

Muitas vezes trata-se de tecnologia dual, ou seja, que pode ser de utilidade militar ou civil, como a energia nuclear e o uso médico-hospitalar de tecnologias nucleares. Contudo, fica cada vez mais difícil fazer a distinção *a priori* das capacidades tecnológicas de cada Estado. Posto de outra forma, o resultado dos programas nucleares pode ser adaptado a fins civis ou militares em tempo relativamente curto, a depender das capacidades tecnológicas de cada um. Logo, Japão, Brasil e Alemanha poderiam, teoricamente, ter armas nucleares se assim decidirem. Advém daí a dificuldade de se controlar efetivamente o uso de tecnologias em geral e da nuclear em particular.

No contexto da Guerra Fria e do risco de uso da força, o Tratado de Não Proliferação de Armas Nucleares (TNP) entrou em vigor em 1970. Apesar do seu texto ambicioso, ele limitou a proliferação, mas não levou à destruição dos arsenais nucleares, tampouco impediu o uso de artefatos muito mais letais do que as bombas lançadas pelos Estados Unidos contra as cidades de Hiroshima e Nagasaki. O Parecer Consultivo (*opinio juris*) da Corte Internacional de Justiça de 1996 sobre a "Legalidade da Ameaça ou Uso de Armas Nucleares" reconheceu a obrigação de levar a cabo as negociações que poderiam conduzir ao desarmamento nuclear. Porém, até a entrada em vigor do TPAN em janeiro de 2021, as armas nucleares eram as únicas armas de destruição em massa (ADM) que não tinham um instrumento internacional juridicamente vinculante que efetivamente proibisse sua produção e posse. Não existe ainda verificação multilateral para os estoques de materiais físseis.

De acordo com o Stockholm International Peace Research Institute (Sipri) Yearbook de 2019, a Rússia detinha um arsenal de 6.500 ogivas nucleares, enquanto os Estados Unidos detinham 6.185, a França 300, a China 290 e o Reino Unido 200. Outros Estados detentores de armas nucleares são Índia, Paquistão, Israel e Coreia do Norte. Todos eles adquiriram as armas nucleares depois da entrada em vigor do TNP, porém Índia, Paquistão e Israel nunca assinaram o Tratado e acabaram por alterar o equilíbrio de poder regional.

Com efeito, o TPAN, além de proibir as armas nucleares, proíbe também os testes. Como se sabe, existe um tratado específico para a proibição de testes (Tratado de Interdição Completa de Ensaios Nucleares – CTBT), aberto para assinatura em 1996. Ele não tem perspectiva de entrar em vigor, uma vez que, para tanto, são necessárias a assinatura e a ratificação de todos os países constantes do anexo ao tratado. Destes, EUA, China, Egito, Israel e Irã assinaram, mas não ratificaram, ao passo que Índia, Paquistão e Coreia do Norte não o assinaram. Atualmente, há dois grandes desafios diplomático-militares. Um é a Coreia do Norte, haja vista que seu líder supremo, Kim Jong-Un, já ameaçou usar seu arsenal contra os Estados Unidos. O outro é o caso do Irã, com a extrema dificuldade de conclusão de um acordo nos moldes da Agência Internacional de Energia Atômica (AEIA) que tem sido preterida por Washington. Em termos mais claros, o caso do Irã é tratado desde o governo Obama, fora do sistema ONU, por um seleto grupo de aliados.

Finalmente, é de bom alvitre ressaltar que Brasil e Argentina criaram uma organização bilateral ímpar, a Agência Brasileiro-Argentina de Contabilidade e Controle de Materiais Nucleares (ABBAC), reconhecida pela AIEA como mecanismo eficiente de verificação, por meio de acordo quadripartite assinado em 1991.

A INTERVENÇÃO MILITAR E AS RESPONSABILIDADES DE PROTEGER

Com o propósito fundacional de defender a paz internacional, dentro dos estatutos da ONU, foram criados meios para legitimar não somente os esforços em prol da paz, mas também a imposição mais direta dela em circunstâncias mais críticas. O artigo 42 da Carta da ONU define que em casos nos quais outros meios (tratados no artigo 41) fossem esgotados, o Conselho de Segurança poderia, nas palavras da Carta, levar a efeito, por meio de forças aéreas, navais ou terrestres, a ação que julgasse necessária para manter ou restabelecer a paz e a segurança internacionais. Foi ainda ressaltado que tal ação poderia compreender demonstrações, bloqueios e outras operações por parte das forças aéreas, navais ou terrestres dos membros das Nações Unidas.

O artigo 42 fundamentou uma série de diferentes operações por parte de países-membros da ONU que visam ao estabelecimento, manutenção, e em alguns casos, a tentativa de imposição de uma situação de paz. Na ordem bipolar, as operações de paz também foram fortemente afetadas pelos conflitos de interesse dos membros permanentes, demonstrando o problema da seletividade na agenda do CSNU. Destaque para o fato que mais de 75% de todas as operações de paz e missões similares foram realizadas no continente africano e no Oriente Médio.

De fato, a Carta das Nações Unidas não traz previsão detalhada sobre as operações de paz. Por isso, foram tratadas como o "capítulo seis e meio" da Carta da ONU, posto que o secretário-geral Dag Hammarskjöld e o embaixador canadense Lester Pearson as conceberam como um mecanismo que respeitaria os princípios da Carta, mas não seria limitado por suas disposições. Tais operações seriam a premissa para o que se convencionou denominar a base da intervenção: consentimento dos Estados-alvo, imparcialidade do CSNU e não uso da força. Foi também a base para a diplomacia preventiva, promovida com insistência pelo então secretário-geral Boutros Boutros-Ghali, no seu relatório Uma Agenda para a Paz de 1992. Continuando o trabalho de prevenção diplomática, o secretário seguinte, Kofi Annan, ganhou inclusive o Prêmio Nobel da Paz em 2001.

Com o passar do tempo, para fins de organização do debate onusiano, as operações foram divididas em tipos/gerações, antes e depois da Guerra Fria, porém as ambiguidades concernentes à legalidade do uso da força não foram dirimidas. Como a Tabela 1 a seguir mostra, a imposição de paz por via da força é somente uma entre diferentes alternativas para construção de paz:

Tabela 1 – Tipos de operação de paz das Nações Unidas

Tipo de operação	Aspectos centrais
Prevenção de conflitos (*Conflict prevention*)	Medidas focadas em tratar as causas de conflitos antes que provoquem ações violentas, por meio de esforços de deliberação e mediação
Criação da paz (*Peacemaking*)	Intervenções para desescalar conflitos em andamento e ação diplomática para chegar a soluções pacíficas entre as partes envolvidas
Construção da paz (*Peacebuilding*)	Esforços de longo prazo centrados no fortalecimento das capacidades nacionais para a criação de um ambiente propício a uma paz sustentável e duradoura
Imposição da paz (*Peace enforcement*)	Aplicação de medidas coercitivas, incluindo o uso do poder militar, com o objetivo de restaurar a paz em situações de conflito nas quais o Conselho de Segurança tenha autorizado

Fonte: Elaboração dos autores, a partir de dados de UN Peacekeeping (2021a).

A criação da paz (*peacemaking*), a construção da paz (*peacebuilding*) e a imposição da paz (*peace enforcement*) pautaram o debate sobre a participação de civis, o planejamento e escopo das operações, bem como o uso da força pelos soldados. Existem, portanto, várias ferramentas que a ONU pode adotar antes de recorrer à força militar, que não obstante faz parte do repertório dos membros da Organização. No seu processo evolutivo, cabe destacar também que as operações de paz, inicialmente comandadas por países desenvolvidos, passaram a ter cada vez mais a participação de efetivos militares e civis de outros países. Atualmente, os maiores efetivos em missão de paz são de Bangladesh, Etiópia, Ruanda, Nepal, Índia e Paquistão, incluindo militares, policiais, civis e outros especialistas. Porém, o comando das operações ainda é geralmente atribuído aos países desenvolvidos, que são também os maiores fornecedores de recursos, logística e armas.

As operações de paz que ocorreram desde a fundação da ONU podem ser divididas em diferentes categorias, de acordo com a sua base de legitimação formal. Existem, portanto, operações conduzidas pela própria ONU, operações autorizadas pela Organização, porém conduzidas por outros atores que frequentemente são organizações regionais, e, por fim, operações sem autorização da ONU. As últimas podem ser objeto de controvérsia, por não contarem com o respaldo do Conselho de Segurança e, em muitas ocasiões, reprovadas por boa parte da comunidade internacional, como no caso da Guerra do Golfo. As primeiras operações de paz foram conduzidas na Palestina em 1948 (Organização de Supervisão de Trégua das Nações Unidas – UNTSO) e no Egito entre 1956-67 (Força de Emergência das Nações Unidas – Unef 1). Ressalte-se que as operações de paz conduzidas durante a Guerra Fria foram bastante restritas, sobretudo por causa da ausência de consenso no Conselho de Segurança. Com o fim da bipolaridade, houve um repentino aumento das operações de paz, tanto por causa dos conflitos, que de certo modo acompanharam as rupturas internacionais, quanto pela permissibilidade do Conselho de Segurança da ONU. O rápido crescimento dessas operações pode ser visto na Figura 1.

Figura 1 – Número de novas operações de paz da ONU por quinquênio

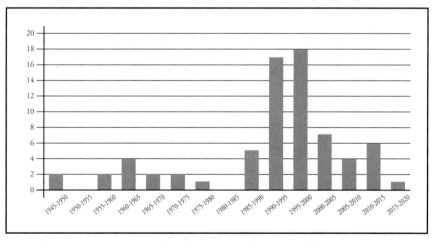

Fonte: Elaboração dos autores, a partir de dados de UN Peacekeeping (2021b).

Portanto, após a Guerra Fria, tanto o número de resoluções relacionadas às operações de paz como as sanções aumentaram de forma drástica. O novo ativismo da ONU também levantou uma série de questões sobre o papel apropriado da Organização em relação à sua capacidade de conduzir tantas operações de forma eficiente e em relação à sua legitimidade de se engajar nelas. Experiências negativas da presença na Somália, entre 1992-1993, contribuíram para a trágica inação durante o genocídio em Ruanda em 1994, na qual estimativas sugerem que até 1 milhão de tutsis foram assassinados. No ano seguinte, a presença de tropas holandesas sob comando da ONU perto do vilarejo de Srebrenica na Bósnia-Herzegovina tampouco serviu para evitar um massacre de aproximadamente 8 mil homens e jovens bósnios por parte de milícias sérvias.

Esses fatos colocam dúvidas sobre a presença da ONU em áreas de conflito intenso e sobre o mandato de tropas de diferentes forças armadas nacionais sob comando geral da Organização. O chamado "Relatório Brahimi", publicado em 2000, chamou a atenção para as falhas de muitas operações conduzidas até então. Ressaltou a importância do conceito de "manutenção de paz robusta" e a necessidade de capacitação das tropas de "capacetes azuis" – que elas tivessem sempre condição de se defender e de garantir a defesa da população civil na área de operações. Esse Relatório, junto com outras medidas importantes, foi essencial para aperfeiçoar as operações de paz, e assim responder à crescente demanda por missões de paz no começo do novo milênio.

Outra discussão fundamental sobre operações de paz, sobretudo as operações de imposição da paz com intervenção militar em outros países, envolveu a questão da legitimidade. Esse aspecto diz respeito ao direito da comunidade internacional de interferir nos assuntos internos de outros países, o direito de ingerência, quando se trata de violações graves aos direitos humanos. Críticos desse tipo de operação têm ressaltado o princípio de soberania nacional, que também é apontado no artigo 2(7) da ONU. A definição do que é um assunto interno, e o que concerne à comunidade internacional, porém, tem mudado bastante ao longo dos anos. O conceito de Responsabilidade de Proteger (*Responsibility to Protect* (R2P), consagrada na sigla em inglês) foi endossado pela ONU em 2005. Ele também foi promovido por diversas coalizões de ONGs que o interpretaram como um novo instrumento de segurança internacional e direitos humanos combinados para evitar crimes de guerra, crimes contra a humanidade, genocídio e limpeza étnica.

O R2P trouxe inovações no sentido de oferecer ao Estado em crise a oportunidade de responder à comunidade internacional sobre o caso em questão, de acordo com os parágrafos 138-139 do World Summit Outcome Document da ONU de 2005. Ou seja, a responsabilidade primária de proteger sua respectiva população e de prevenir tais crimes é do Estado soberano. Caberia à comunidade internacional apoiar o Estado, de acordo com os capítulos VI e VII da Carta, e lançar um alerta precoce (*early warning*), mecanismo que deveria ser acionado se acontecesse uma falha do Estado e dos meios pacíficos de resolução do caso. Isto é, a comunidade internacional deveria acionar os meios do capítulo VII da ONU, ou seja, o uso coletivo da força, autorizado pelo CSNU.

Mais tarde, a "Responsabilidade ao Proteger" (*Responsibility While Protecting* – RwP), defendido por Brasília como instrumento de transparência no processo decisório, trouxe o debate de volta à letra da Carta. Ao mesmo tempo que a RwP adere aos princípios fundamentais sobre a importância do engajamento da comunidade internacional na construção da paz, adota critérios mais restritos para a execução da intervenção militar. O conceito da RwP foi proposto para tratar das alegadas falhas do conceito de "responsabilidade de proteger" (*Responsibility to Protect* – R2P), evidentes na sua aplicação na Líbia. Mas ainda há muito debate entre proponentes e críticos dos dois conceitos.

Depois dos debates sobre a responsabilidade do Estado e da comunidade internacional, a responsabilidade de não vetar (*responsibility not to veto* – Rn2V) ganhou uma Declaração Política e um "Código de Conduta referente à Ação do Conselho de Segurança sobre Genocídio, Crimes de Guerra e Crimes contra a Humanidade", patrocinados por França e México. Apesar do apoio de 105 países para o Código e 84 para a Declaração, também não logrou sucesso (A/70/621–S/2015/978). São três exemplos do difícil equilíbrio entre os interesses dos membros permanentes do CSNU e a segurança coletiva tal qual prevista na Carta da ONU. Esses conceitos introduzem uma certa mudança da noção de soberania nacional, não sendo considerado um direito incontestável, mas, ao contrário, vinculado ao dever de cada Estado de proteger a sua própria população. Dessa forma, o conceito adere à ideia de que existem certos direitos humanos universais, que em lugar ou circunstância nenhuma podem ser violados pelos Estados.

Ao longo dos anos, tem havido uma certa renegociação do princípio de soberania nacional, o que quer dizer que ele não é mais completamente incontestável. Em alguns casos, a contradição entre soberania e direitos humanos gradativamente foi se dissolvendo com o advento da R2P e, sendo assim, o direito de se proclamar soberano pode ser redefinido como dependente da capacidade de respeitar direitos fundamentais. Vale a pena perguntar: se a comunidade internacional hoje em dia é mais poderosa, *quem* então toma parte ou constitui essa comunidade internacional? O princípio da soberania nacional sempre foi um ideal que marcou o pensamento sobre as Relações Internacionais, mas de fato nunca chegou a ser uma descrição muito fiel da realidade, haja vista que muitos Estados nunca gozaram da plena soberania.

Se a noção de soberania nacional não é mais tão absoluta como antes, e a intervenção baseada em considerações humanitárias pode ser vista como legítima, ainda resta a pergunta sobre quando e como isso deve acontecer. Não existe parâmetro claro para julgar essa questão e, na prática, ganhar legitimidade para intervir depende em larga medida do grau de apoio internacional, sobretudo do Conselho de Segurança. A Operação Tempestade no Deserto, na qual uma coalizão internacional busca restaurar a independência do Kuwait após a invasão iraquiana, contou com amplo apoio internacional e um mandato da ONU. A crise do Kosovo e o bombardeio das forças sérvias em 1999 pela Otan não foram respaldados por um tal mandato, por causa da discordância russa e chinesa. O bombardeio das forças de Muammar Kadafi na Líbia em 2011 foi um caso polêmico também: inicialmente, a ação contava com o mandato do Conselho de Segurança da ONU. No entanto, ao longo da campanha aérea, a ação foi questionada no âmbito do CSNU, pois o mandato inicial de usar "todos os meios para proteger a população civil" tinha sido ultrapassado e substituído pela intenção de derrubar o regime de Kadafi.

A ambiguidade sobre a motivação para a intervenção na Líbia e a falta de vontade por parte dos poderes da coalizão interventora de se comprometer na ajuda ao país após a queda do regime provocaram uma forte resistência a futuras intervenções militares. A consequência imediata disso foi a passividade da ONU diante da prolongada Guerra Civil Síria, sobretudo por causa da aversão contra esse tipo de ação por parte de potências não ocidentais. Tais casos têm motivado um intenso debate sobre o futuro engajamento da ONU em operações de paz, considerando a postura e crescente envergadura dos países emergentes, bem como as instabilidades geradas no continente africano e Oriente Médio.

Vozes críticas têm ressaltado que a falta de comprometimento com os direitos humanos e a incontestabilidade da soberania nacional implicam que futuras violações desses direitos poderão ficar impunes com maior facilidade, enquanto outras reclamam que houve intervenções demais, concentradas em algumas regiões selecionadas. Por outro lado, há também quem acentue que muitos países em desenvolvimento não são necessariamente contrários a uma postura forte e ativa da ONU nas missões de paz, mas procuram enfatizar as operações que não envolvam o uso direto da força e que adotem critérios claros para avaliar quando a intervenção é pertinente. Ademais, a crítica mais contundente concerne à decisão unilateral de retirada de tropas dos teatros de operação, como se não houvesse mais uma população a proteger e um país a reconstruir. E a crítica mais atual refere-se ao emprego de forças terceirizadas e de equipamentos sofisticados como drones e as armas letais autônomas (*killer robots*), para que os Estados contratantes escapem das responsabilidades pelos atos cometidos.

AS NOVAS AMEAÇAS E A SEGURANÇA HUMANA

Constantemente, o registro da História e das Relações Internacionais têm se debruçado nas interações entre Estados quando tratam da questão de segurança. Da mesma maneira, no momento da sua concepção, as Organizações Internacionais também focaram em Estados soberanos como praticamente os únicos atores relevantes, e na guerra interestatal como a grande fonte da instabilidade global. Essa abordagem tem sido cada vez mais desafiada pelo avanço das RI e pela imposição das realidades contemporâneas. Portanto, as novas perspectivas sobre segurança têm duas características que as diferem das tradicionais: incluem agentes não estatais ao lado de Estados e concentram-se em novas fontes de instabilidades e assimetrias para além da guerra entre nações. Ademais, incluem riscos como a mudança global do clima, eventos extremos e até futuras pandemias.

Um conceito que em larga definição engloba essa nova visão sobre segurança global é o de "segurança humana". Esse conceito coloca os indivíduos como prioridade e traz à tona o desafio de protegê-los contra as múltiplas ameaças que não derivam somente dos conflitos armados. A segurança humana foi adotada como conceito operacional pela ONU na Resolução 66/290, que ressalta o seu escopo complexivo e centrado em pessoas e busca a "proteção e empoderamento dos indivíduos". Na ONU, a adoção de uma perspectiva mais ampla sobre a segurança tem levado a uma integração de agendas nas suas diferentes agências. Isso tem sido consequência do reconhecimento de que assuntos que dizem respeito à segurança atravessam as divisões tradicionais dos campos de operação dessa Organização.

Um exemplo dessas complexidades é o caso do Haiti. Depois de décadas de instabilidade política e social, o país foi atingido por um terremoto devastador em 2010, seguido por um surto de cólera no mesmo ano, além de um furacão em 2016. Em um país já fortemente debilitado e marcado por violência interna, esses eventos provocaram e/ou reforçaram uma multiplicidade de crises interconectadas, deixando uma situação altamente complexa a ser enfrentada pelas forças de paz da ONU já presentes no país, com a Missão das Nações Unidas para a Estabilização no Haiti (Minustah, da sigla em francês) e participação intensa do Brasil.

Quando consideramos as fontes de insegurança e ameaças contemporâneas, a guerra civil superou a guerra entre Estados como o principal fator de instabilidades. Como os conflitos na Síria, Iêmen e Ucrânia demonstram, as guerras civis frequentemente acabam envolvendo um ou vários Estados, com apoio a diferentes lados no conflito, sem que haja o confronto direto entre as forças armadas das potências envolvidas, como consta na Figura 2:

Figura 2 – Tipo de conflito em andamento a cada ano entre 1945-2016

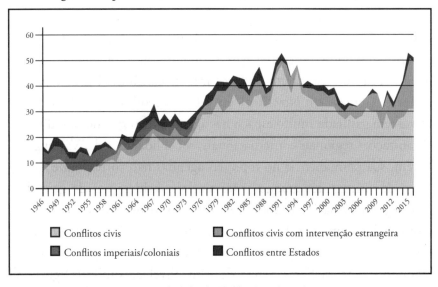

Fonte: Elaboração dos autores, a partir de dados de World in Data (2021a).

Além disso, a intensidade dos conflitos tem diminuído significativamente ao longo das últimas décadas. Isso é claramente refletido na Figura 3 a seguir, que mostra como o número de pessoas mortas em conflitos armados tem diminuído.

**Figura 3 – Mortos em conflitos bélicos
a cada 100.000 habitantes no mundo por ano entre 1946-2016**

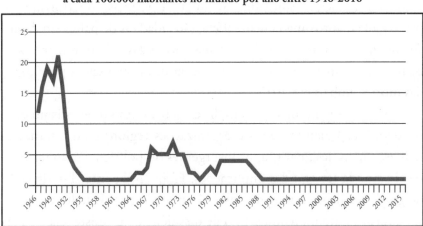

Fonte: Elaboração dos autores, a partir de dados de World in Data (2021b).

O sofrimento humano vivido em conflitos armados não pode ser resumido em gráficos e números. A figura anterior mostra apenas que as fontes de risco a um maior número de pessoas provavelmente não se encontram nas guerras entre nações, contanto que a presente tendência de abstenção do uso direto da força militar continue. Desde o ataque às Torres Gêmeas em Nova York em 11 de setembro de 2001, o terrorismo tem ganhado muito espaço nas agendas de segurança em diversas organizações regionais e internacionais, sob a liderança de Washington. Porém, sua permanência no topo das agendas não corresponde ao número de vítimas dos ataques, mas sim a considerações de geopolítica e segurança nacional dos EUA. De fato, o número de vítimas de Nova York é comparável ao número de adultos e crianças que morrem de fome (e suas consequências diretas) a cada duas horas no mundo, segundo dados da Força Tarefa de Alto Nível da ONU (High-Level Task Force on the Global Food Security Crisis and in Particular its Comprehensive Framework for Action).

O terrorismo, envolvendo atores não estatais e sendo um fenômeno que em princípio pode atingir todas as pessoas em todos os lugares, e a qualquer momento, se encaixa bem na concepção de novas ameaças, apesar de ter longas raízes históricas. Vale a pena ressaltar que, a despeito da grande atenção midiática que atentados em países desenvolvidos tendem a receber, a esmagadora maioria das vítimas do terrorismo no plano global, aproximadamente 95%, são cidadãos de países em desenvolvimento. O número total de pessoas vitimadas pelo terrorismo também é relativamente baixo, sendo esses atores responsáveis por 0,05% das mortes globais em 2017.

Existe também uma questão difícil sobre como o terrorismo deve ser definido. Quando países e organizações regionais ou internacionais escolhem designar grupos insurgentes ou políticos como terroristas, isso pode ter grandes implicações. Frequentemente, a designação de grupo terrorista também constitui um meio para Estados repressores deslegitimarem qualquer tipo de dissidência ou resistência armada e justificar atrocidades cometidas "em nome da segurança nacional".

Terrorismo de Estado, paradoxalmente, é um fenômeno que tem ganhado relativamente pouca atenção na agenda de Organizações Internacionais, comparado com atos de terrorismo cometidos por organizações não estatais. As repressões violentas cometidas pelo Estado turco contra a minoria curda em nome do combate ao terrorismo constituem um exemplo claro de terrorismo de Estado. Ademais, a criação do autodeclarado Estado Islâmico (EI ou Daesh) levou a uma diluição das categorias anteriores, sobre o uso da violência político-religiosa como instrumento de poder.

Uma outra frente importante no trabalho de provisão de segurança das organizações internacionais é a agenda de gênero. Mulheres têm historicamente se encontrado em situação de extrema vulnerabilidade, tanto em conflitos armados como dentro da comunidade e do lar. A constatação do tamanho da violência contra as mulheres faz com que a dimensão do gênero seja indispensável nas áreas de atuação de muitas Organizações Internacionais. Entender esse lado frequentemente negligenciado de conflitos e emergências globais, e como as Organizações Internacionais podem agir na defesa de mulheres e outros grupos vulneráveis, é um ponto central na agenda de pesquisa de RI. Nesse sentido, o Fundo de Desenvolvimento das Nações Unidas para as Mulheres (Unifem) foi criado em 1976, mas sua efetividade permanece muito aquém da necessidade de proteção e empoderamento das mulheres e meninas. Nesse sentido, a Agenda do Milênio da ONU definiu a igualdade de gênero como seu Objetivo 3, e a Agenda 2030 como seu Objetivo 5. Outra questão premente concerne a crimes ligados a questões de gênero, normalmente generalizados como "homofobia", porém a agenda atual é complexa e negligenciada pelos principais atores internacionais. Por isso, a mobilização de redes de ONGs e de alguns países líderes tem sido central na promoção da proteção de grupos, muitas vezes definidos como comunidade LGBTQIA+.

No Antropoceno, diversos riscos surgem como consequência. Provocada pelas emissões de gases de efeito estufa (GEE), a mudança global do clima ocupa um lugar de destaque entre as crescentes ameaças.

Os complexos impactos da mudança climática podem se manifestar por meio de fome, migração forçada, conflitos violentos por recursos e desastres naturais. Os relatórios do Painel Intergovernamental sobre Mudanças Climáticas (IPCC) na ONU indicam que a vida no planeta, tal como a conhecemos, pode cessar de existir, caso as alterações humanas à mudança climática não sejam drasticamente diminuídas. No plano local, a ONU tem trabalhado para tratar dos impactos provocados pelos efeitos pontuais de mudanças climáticas e as suas consequências na área de segurança. A região do Sahel, ao sul do deserto de Saara, por exemplo, tem recebido atenção especial, dados os riscos de desertificação para a população local. A consequente competição pelos escassos recursos tem provocado muitas situações violentas, que tendem a aumentar no futuro.

Por fim, as novas fontes de insegurança também são marcadas por um alto grau de interconexão. Isso significa que, quando há tendências de deterioração dentro de uma área, elas podem ter consequências negativas em outros campos. Portanto, o risco de pandemias e a transmissão de doenças zoonóticas aumentam como consequência da mudança climática, da urbanização, do desmatamento e da destruição dos seus habitats naturais. Por sua vez, essas doenças, além do seu impacto direto na saúde humana, também podem provocar conflito, fome e perda de recursos. As agendas de segurança das Organizações Internacionais são múltiplas, e as intervenções por parte de organizações precisam levar em conta as diversas causas dos desafios e ameaças. Assim, ressaltamos a complexidade da tarefa de traduzir as agendas de segurança coletiva à proteção efetiva de populações vulneráveis no plano global. No caso específico da segurança, o complexo de regimes envolve atores militares, mas também econômicos e comerciais, populações tradicionais e locais, agricultores, cientistas, ambientalistas, sanitaristas, tanto do setor público como do privado.

As instituições de Bretton Woods e o comércio internacional

Enquanto o medo de ameaças externas tem moldado as Relações Internacionais por meio da consolidação interna dos Estados, o interesse comercial tem estimulado a formação de laços externos.

A economia mundial está altamente interconectada e tendemos a ver como natural que os bens que consumimos venham de todas as partes do mundo. Neste capítulo, examinaremos a estrutura de instituições internacionais que facilitam a intensa troca de recursos naturais, manufaturas e serviços na economia mundial, mais frequentemente conhecida como o sistema comercial internacional. Ressaltaremos a criação das instituições de Bretton Woods nos anos 1940 e da Organização Mundial de Comércio (OMC) cinquenta anos depois. Revisaremos também tendências importantes recentes, como a proliferação de acordos preferenciais e a criação de propostas para acordos megarregionais. Por fim, avaliaremos a situação complicada do multilateralismo comercial e os desafios à globalização econômica, que apontam para a fragmentação do sistema comercial e a necessidade de ponderação do arcabouço comercial internacional.

O INÍCIO DO SISTEMA COMERCIAL INTERNACIONAL

A troca de bens de valor através de longas distâncias sempre foi uma fonte de riqueza para indivíduos, empresas e Estados. Desde a Antiguidade, o comércio e as rotas comerciais atraíram a atenção dos governantes interessados em lucrar com o fluxo de bens e dinheiro. Isso implicou a necessidade de investir para manter as rotas comerciais abertas e seguras. Assim foi estabelecida a Rota da Seda, por meio da qual a Ásia Oriental conectou-se ao Oriente Médio e à Europa, formando uma rede comercial que durante milênios estruturou o desenvolvimento de vários povos. O fato de reis e imperadores terem agido para manter a Rota de Seda aberta demonstra que o comércio e os arranjos de poder político evoluíram juntos. Além disso, o entendimento implícito sobre a necessidade de deixar o comércio fluir pelo seu potencial de geração de riqueza fez com que governantes procurassem agir coletivamente. Dessa maneira, a Rota de Seda institucionalizou-se no sistema econômico da Antiguidade até o Iluminismo. Por fim, a Rota também possibilitou a troca de ideias, a filosofia, a ciência e as doutrinas religiosas, o que demonstra que a agenda econômica engloba muito mais que somente a troca de bens materiais. Portanto, o comércio global relaciona-se a sistemas mais amplos de conhecimento e práticas sociais ligadas à produção e consumo de bens e serviços.

Ao longo da história, a regulação do comércio internacional oscilou entre movimentos de abertura e fechamento. Abertura significa que os Estados são mais permissivos para deixar produtos estrangeiros entrarem no seu mercado e que os atores econômicos podem se engajar em comércio internacional com facilidade. Fechamento, ou melhor, protecionismo, faz referência ao movimento contrário, em que barreiras tarifárias são o instrumento muito utilizado para limitar a entrada de produtos estrangeiros. Essas medidas consistem no pagamento de uma certa parcela acima do valor de um produto importado, o que faz com que esses bens fiquem mais caros do que os produtos nacionais. Isso pode ser usado para favorecer os produtores domésticos, reter dinheiro no país, garantir a produção nacional e manter empregos. Por outro lado, costuma fazer com que os consumidores daquele país tenham que pagar preços mais altos, podendo também limitar a oferta e a qualidade dos produtos disponíveis.

O protecionismo era muito comum na Europa entre os séculos XV a XVIII. A partir do final do século XVIII, e ao longo do século XIX, ideias sobre comércio livre e a especialização de cada país em produzir e vender os produtos que fossem mais capazes de produzir (as chamadas vantagens comparativas) ganharam fôlego. Os proponentes mais conhecidos dessas ideias foram, entre outros, Adam Smith e David Ricardo. Esses pensadores ressaltaram que a especialização e o livre fluxo de bens através de fronteiras fariam com que todas as nações ficassem mais ricas, mesmo que algumas se beneficiassem mais que outras. É interessante notar que essas propostas foram apresentadas por pensadores britânicos. Naquele momento, a Grã-Bretanha era uma nação com vantagens tecnológicas na produção de uma ampla série de bens caros (com alto valor agregado), e portanto estava mais bem posicionada para se beneficiar do livre-comércio. Muitos países desenvolvidos defenderam regras para assegurar o livre-comércio. Entretanto, fizeram amplo uso de medidas protecionistas ao longo da sua história, até chegarem ao ponto de terem economias competitivas (Chang, 2002).

O Tratado Cobden-Chevalier (1860), assinado entre representantes britânicos e franceses, é frequentemente considerado o primeiro acordo comercial moderno. Ele implicava a facilitação da venda de bens de seda e vinho da França para a Grã-Bretanha e a venda de ferro, carvão e manufaturas britânicas para a França. Esse acordo inaugurou uma época de alto incremento do comércio entre as potências europeias, e também engendrou o princípio de nação mais favorecida, mais tarde adotado pela OMC. Esse princípio significa que os Estados não podem discriminar entre os seus parceiros comerciais e que, portanto, comprometem-se em outorgar os mesmos benefícios comerciais a todos os Estados aos quais atribuíram esse *status*. Esse tipo de tratamento entre as maiores economias facilitou as trocas comerciais de maneira geral e serviu para impulsionar momentos de maior interconexão comercial.

Mesmo com o rápido desenvolvimento tecnológico que a partir do século XIX facilitou o movimento de pessoas, bens e comunicações pelo mundo em rapidez e escala sem precedentes, a criação de regras para facilitar o comércio internacional ainda se viu restrita a pequenos grupos de países. Embora a "remoção de barreiras econômicas e o estabelecimento de igualdade nas condições comerciais entre todas as nações" constasse entre os 14 pontos proclamados pelo presidente Woodrow Wilson em 1918, não foi possível criar um órgão internacional para essa finalidade.

A Primeira Conferência Econômica da Liga das Nações em 1927 teve como objetivo a remoção de barreiras tarifárias e a abertura do comércio internacional, porém, o contexto não era favorável para esse tipo de iniciativa. Após a queda da Bolsa em Wall Street nos EUA em 1929, o Smoot-Hawley Act foi adotado pelos EUA em 1930, elevando uma série de barreiras ao comércio. Essa ação levou a uma onda geral de medidas protecionistas, o que contribuiu para agravar a crise econômica mundial. Nessa época turbulenta, a cooperação internacional também sofreu forte retrocesso, até a Segunda Guerra Mundial. As experiências de formação de instituições internacionais comerciais podem ser divididas claramente em antes e depois da Segunda Guerra Mundial. A partir de 1945, foi iniciado um período inédito de criação de instituições e organizações intergovernamentais para facilitar o comércio internacional.

MULTILATERALISMO COMERCIAL – DE BRETTON WOODS A DOHA

Antes do final da Segunda Guerra Mundial, já se discutia sobre como seria a futura ordem econômica mundial. Em julho de 1944, delegados dos países aliados reuniram-se em Bretton Woods a convite dos EUA para definir os pilares institucionais nos quais o novo sistema econômico seria fundado. Tratou-se de como evitar o fechamento das economias nacionais ao comércio internacional e das experiências negativas da crise de 1929, que acabaram empobrecendo as economias como um todo. Com a convicção de que economias abertas ao comércio internacional estariam mais propensas ao fomento de paz e estabilidade, o Acordo de Bretton Woods, assinado após três semanas de negociações, incluiu planos para a criação da Organização Internacional do Comércio (OIC), que não saiu do papel. Além da OIC, também foi negociada a criação do Fundo Monetário Internacional (FMI) e do Banco Internacional para a Reconstrução e o Desenvolvimento (Bird), que depois seria ampliado para formar o sistema Banco Mundial (BM). Ambos teriam um sistema de voto diferenciado, para refletir as diferentes capacidades dos membros. Juntos, os três formariam os pilares do sistema comercial, econômico e financeiro internacional, com vistas à construção da nova ordem pós-guerra.

O Acordo Geral de Tarifas e Comércio (GATT, na sigla em inglês) foi assinado dois anos depois, em 1947, como um passo intermediário para chegar à conclusão da OIC. A recusa do Congresso Norte-Americano de ratificar a OIC, porém, conduziu à estagnação dessa iniciativa e fez com que o GATT fosse criado como a instituição *de facto* a partir da qual o projeto de liberalização comercial seria desenvolvido durante todo o período da Guerra Fria. O GATT, que foi inicialmente pensado como uma organização interina, chegaria a participar de maneira central na diminuição de tarifas pelo comércio internacional. Isso aconteceu em várias rodadas de negociações entre as décadas de 1940 e 1980, até que foi fundada a Organização Mundial de Comércio (OMC) durante a Rodada de Uruguai (1986-1994).

Um princípio central do GATT foi o de "nação mais favorecida", que fez valer as reduções tarifárias para todos os membros do acordo. Num primeiro momento, o GATT tinha em vista a conversão das variadas medidas de proteção comercial que os países-membros usavam em uma tarifa com um certo percentual a ser pago pelos produtos importados. Isso garantiria maior transparência e se aplicaria de forma igual a todos os parceiros comerciais. Num segundo momento, o objetivo seria a redução gradual dessas barreiras por parte de todos os países, para facilitar o comércio mundial. Mesmo bem-sucedido em garantir a diminuição de barreiras tarifárias, o GATT ainda permitia que os membros aplicassem medidas antidumping, salvaguardas, ou assinassem acordos preferenciais. Embora essas medidas tenham sido pensadas como respostas temporárias às práticas comerciais desleais ou para situações excepcionais, também deixaram uma grande margem de interpretação que acabaria sendo usada com intuitos protecionistas.

O GATT não proporcionou uma profunda liberalização comercial ou ferramentas institucionais que garantissem a não discriminação e evitasse que pretextos duvidosos fossem adotados para proteger o mercado interno dos países. Não obstante, possibilitou um movimento geral na direção de um sistema mundial de regulação comercial que chegou a um nível de abrangência além de qualquer experiência anterior. Mesmo que não tenha sido concebido como uma importante organização internacional, chegou a desenvolver características institucionais em resposta à necessidade do contexto político da época. A redução gradativa de tarifas, sobretudo entre países desenvolvidos, possibilitou um longo período de crescente interconexão comercial e crescimento econômico no mundo capitalista. O GATT, portanto, foi parte central do sistema que John Ruggie (1982) chama de "liberalismo enraizado" (*embedded liberalism*), vigente nas décadas de 1940 até os anos 1970. Essa foi uma era marcada pelo fortalecimento do multilateralismo comercial, a cooperação econômica e financeira internacional, combinada com altas taxas de crescimento econômico no Ocidente e entrelaçamento intercontinental das economias.

O projeto de liberalização comercial progredia, enquanto os Estados nacionais ainda mantinham certas prerrogativas como mediadores dos vínculos internacionais no processo de desenvolvimento econômico e social (Rodrik, 2011). Todavia, as crises da ordem do liberalismo enraizado a partir dos anos 1970 levariam ao surgimento de um novo ideário econômico, o neoliberalismo, que teria fortes repercussões na área de comércio internacional.

Junto com a mudança no plano ideológico dominante, sobretudo na Europa e nos EUA, o progresso tecnológico também incentivou mudanças na área de comércio internacional. A evolução das telecomunicações, o uso de contêineres para padronizar o transporte de mercadorias e a crescente interconexão entre cadeias de produção, entre outros, criaram demandas para o GATT. As negociações da Rodada Uruguai (1986-1994) inauguraram, portanto, uma nova e extensa onda de liberalização. A OMC constitui um caso de cooperação funcional, ou seja, de uma organização criada com um mandato específico para fortalecer os mecanismos de liberalização comercial, retomando os objetivos da OIC, conforme a Carta de Havana de 1948. Todavia, a OMC foi criada fora do sistema ONU.

A OMC conduziu não somente a um quadro favorável para a redução de barreiras tarifárias, mas também uma ampla série de regras sobre resolução de contenciosos, medidas sanitárias, apoio para agricultura, comércio em serviços, propriedade intelectual e favorecimento de empresas nacionais. A Rodada Uruguai tratou de questões que iam muito além dos aspectos "clássicos" do comércio internacional e estabeleceu diversas regulações sobre como os Estados poderiam gerenciar as suas economias. Os membros do antigo GATT tornaram-se parte da OMC, e posteriormente ainda houve importantes adesões de países como a China (2001) e a Rússia (2012). Como tudo foi negociado em forma de um "pacote" – o chamado *single undertaking* –, os países que queriam obter os benefícios de ser parte da OMC tiveram de aderir a todas as regras vigentes.

As novas regulações da OMC tinham um amplo alcance. O acordo relacionado às chamadas barreiras técnicas ao comércio definiu que elas somente poderiam ser adotadas em medida proporcional ao objetivo legítimo que visavam tratar. O mesmo princípio de proporcionalidade foi adotado em relação às medidas sanitárias e fitossanitárias, contudo, foi ressaltada também a necessidade de ter uma clara base científica. O Acordo sobre Propriedade Intelectual (Trips, na sigla em inglês) tratou de um universo extenso de setores, desde o audiovisual até a indústria farmacêutica. O último foi objeto de muita controvérsia, sobretudo relacionado à produção de medicamentos contra o HIV/aids, que fez muitos países em desenvolvimento, entre eles o Brasil, militarem em favor da licença compulsória de drogas com potencial de salvar muitas vidas. Por fim, na criação da OMC também foi assinado o Acordo de Agricultura (AoA), que estabelece uma série de regulações sobre apoio doméstico, subsídios à exportação e acesso a mercados para produtos agrícolas. Diferentes cronogramas de redução de subsídios passaram a valer para países desenvolvidos e países em desenvolvimento respectivamente, dado a sensibilidade desse setor para a segurança alimentar em muitos países.

Importante entre os novos elementos da OMC foi o estabelecimento de um sistema de resolução de contenciosos comerciais mais robustos do que aquele do GATT. Esse sistema provê uma ferramenta para fiscalização do arcabouço de regras comerciais da OMC. Em teoria, o órgão de solução de controvérsias deveria funcionar como um mecanismo que garantisse que os estatutos da organização fossem respeitados por todos os seus membros. Na prática, porém, os recursos necessários para ganhar um contencioso frequentemente superam o que muitos países em desenvolvimento conseguiriam pagar. Dois exemplos relativamente atípicos nesse sentido foram os contenciosos de algodão e açúcar, que o Brasil levantou contra os EUA e a União Europeia entre 2002-2005. Como um grande país em desenvolvimento, e com amplos recursos disponibilizados para apoio jurídico do seu agronegócio, o Brasil conseguiu vencer ambos os contenciosos. Não obstante, isso pode facilmente ser a exceção que confirma a regra.

O projeto de ampliação e aprofundamento do sistema multilateral comercial seguiu depois da criação da OMC, com diferentes cúpulas ministeriais (ou rodadas) em Cingapura (1996), Genebra (1998) e Seattle (1999). Em Doha, Qatar, em 2001, uma nova rodada teve início, em larga medida visando responder às reclamações de muitos países em desenvolvimento de que os acordos da OMC até então não tinham lhes beneficiado. Desde o início, porém, a Rodada Doha foi marcada pela desconfiança mútua entre países desenvolvidos e países em desenvolvimento. O desacordo expressou-se claramente na reunião ministerial em Cancun,

México, em 2003, onde os países em desenvolvimento criaram uma coalizão para barrar o que eles percebiam como uma tentativa de lhes impor um acordo predefinido por parte dos EUA e da UE. A partir de então, os países em desenvolvimento teriam papel mais pronunciado ao longo da Rodada, liderados sobretudo por Brasil e Índia na chamada Coalizão de G-20. Depois de um certo tempo, as tensões entre países desenvolvidos e países em desenvolvimento, e internamente entre os últimos, tornaram-se fortes demais, levando ao fracasso da Rodada em 2008.

Desde a Rodada Doha, o processo de avançar na liberalização comercial esteve praticamente estagnado. Em 2013 em Bali, Indonésia, e em 2015 em Nairóbi, Quênia, foram assinados acordos sobre temas menos polêmicos, mas até o fim dessa década a imagem geral do sistema multilateral de comércio tem sido de marasmo, senão de abrupta crise. Não obstante, o forte aumento do comércio internacional é em larga medida atribuído ao GATT/OMC. Considerando o período da criação do regime comercial internacional desde o GATT até as primeiras décadas do novo milênio, sua eficácia em reduzir barreiras tarifárias é indiscutível. Mas o sucesso dessas organizações em reduzir outras barreiras e entraves ao comércio é questionável. Há também os que questionam até que ponto deve-se adaptar as políticas domésticas para facilitar o funcionamento dos mercados.

O grande número de países-membros e agendas tem dificultado muito o processo decisório na OMC. Ao mesmo tempo, a situação após a crise financeira de 2007-2008 é a de um mundo mais desiludido com as promessas do liberalismo sobre crescimento baseado em liberalização comercial e desregulamentação econômica. No final da Rodada Doha, portanto, houve países e atores empresariais e sociais que quiseram avançar ainda mais rápido no processo de integração comercial, enquanto outros inclinaram-se na direção contrária. Encontrar um espaço de convergência dentro da OMC tornou-se muito difícil, senão impossível. Os interessados em ampliar a liberalização comercial, portanto, buscaram outras plataformas institucionais fora do sistema multilateral, que trataremos a seguir.

OS BLOCOS ECONÔMICOS REGIONAIS

Os obstáculos enfrentados pelas negociações comerciais multilaterais levaram muitos países a buscar acordos de livre-comércio fora do sistema da OMC, em acordo com o seu artigo 24. Isso significa que o princípio de nação mais favorecida não se aplica, no sentido de que os membros de acordos comerciais regionais, por exemplo, podem conceder benefícios entre eles que não são automaticamente estendidos para todos os membros da OMC. O mesmo artigo também permite que os países estabeleçam uniões aduaneiras, por meio das quais um grupo de Estados adota uma tarifa externa comum, enquanto facilita o comércio dentro da União.

Os países entram em acordos de livre-comércio por uma série de razões. Entre elas, o acesso a mercados estrangeiros por meio de menores barreiras comerciais costuma ser a mais comum. Não obstante, acordos de livre-comércio também podem servir para outros fins. O intuito de atrair investimentos estrangeiros por meio de cláusulas que oferecem proteção tem sido outra motivação para buscar esses acordos. Frequentemente, as chamadas obrigações OMC+, que são questões que vão além das obrigações facultativas da OMC relacionadas a comércio em serviços, concorrência, propriedade intelectual, meio ambiente e questões trabalhistas, são parte desses acordos. Por falta de concordância sobre essas temáticas na OMC, elas têm sido tratadas fora do meio multilateral. Por exemplo, no acordo comercial entre a UE e o Mercosul, assinado em 2019, a proteção ao meio ambiente e questões sociais foram parte central das obrigações assumidas pelos Estados signatários. As questões relacionadas ao cumprimento do Acordo de Paris sobre o clima (2015) constituíram um ponto espinhoso após sua assinatura, sobretudo devido ao aumento do desmatamento da Amazônia brasileira em 2019-2020.

Os acordos comerciais não são novos, mas ao longo das últimas décadas têm proliferado muito rapidamente. Nesse momento, segundo a OMC, 303 acordos comerciais regionais estão em vigor. Como a Figura 4 mostra, mesmo durante as negociações da Rodada Doha, muitos países assinaram acordos comerciais regionais fora do sistema da OMC, tendência essa que continuou com força após o fracasso da Rodada.

Figura 4 – Número de acordos comerciais regionais em vigor

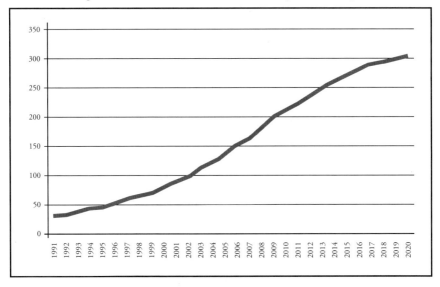

Fonte: Elaboração dos autores, a partir de dados da OMC (2020).

O rápido crescimento dos acordos comerciais preferenciais ao longo das últimas décadas vem ocasionando muitos debates sobre se o efeito geral dessa tendência aumenta ou atrapalha o comércio internacional. O conjunto complexo de relações comerciais entrelaçadas e sobrepostas tem sido caracterizado como um "prato de macarrão" (Bhagwati, 2008), referindo-se à rede confusa de acordos entre os países fora do sistema comercial da OMC. Alguns observadores, portanto, acreditam que o grande aumento de acordos regionais pode impedir avanços no meio multilateral e a criação de grandes acordos abrangendo todos os membros da OMC com regras consistentes e mais uniformes.

O princípio da nação mais favorecida, que em tese definiria as relações comerciais internacionais, passou a ser visto mais como uma exceção do que a regra. Um problema de acordos de livre-comércio é que eles podem levar para desvio de comércio. Isso significa que, em vez de impulsionar uma liberalização que estimule o comércio entre todos os membros da OMC, acabam por fomentar o comércio somente entre os membros de determinado acordo. Portanto, bens acabam sendo adquiridos de parceiros comerciais preferenciais, não necessariamente porque oferecem produtos melhores e mais baratos, mas porque estão no mesmo acordo comercial.

Acordos comerciais regionais minam ou fortalecem o sistema multilateral? Considerando as suas limitações, acordos de livre-comércio têm sido vistos como uma segunda melhor opção, após a liberalização comercial por meio de acordos da OMC. Além disso, a negociação de acordos de livre-comércio também pode resultar em desvio de esforços políticos em concluir acordos multilaterais. Por outro lado, defensores dos acordos regionais tendem a ressaltar que constituem a melhor opção para facilitar a integração comercial, num mundo no qual o sistema multilateral não tem sido capaz de alcançar esse objetivo. Nessa visão, acordos de livre-comércio constituem a única opção viável para países que buscam intensa integração comercial no mundo. Finalmente, numa terceira perspectiva, acordos de livre-comércio também têm sido vistos por críticos do processo de globalização como algo que facilita a mudança de produção para países e regiões onde as regulações são menos rígidas ou até ausentes. Isso pode resultar na chamada "corrida até o fundo", na qual os países começam a desmantelar regras trabalhistas e ambientais para manter a presença das empresas no seu território.

A União Europeia constitui uma das experiências mais antigas de áreas de livre-comércio por meio da Comunidade Econômica Europeia, que evoluiu gradativamente desde o Tratado de Roma (1957). Hoje, a UE fornece um exemplo de integração econômica inédita, por meio da sua tarifa externa comum, combinada com as quatro liberdades de movimento de bens, serviços, pessoas e capital, no plano interno. Mesmo não tendo sido idealizados de acordo com o modelo de integração europeia, existem outros exemplos notáveis de áreas de comércio livre, como o Tratado Norte-Americano de Livre-Comércio (Nafta), a Associação de Nações do Sudeste Asiático (Asean) e o Mercado Comum do Sul (Mercosul), entre vários outros. A forte tendência de integração comercial com base nas respetivas regiões tem feito com que seja cada vez mais comum falar de "regionalização" em vez de "globalização". Em algumas regiões, a produção industrial está fortemente entrelaçada por meio de cadeias de *commodities* transfronteiriças, como é o caso do Nafta e da Asean. No Mercosul, existe uma importante conexão entre a indústria automobilística no Brasil e na Argentina, mas de modo geral essa organização não adquiriu um alto grau de integração produtiva, ficando fragilizada nos últimos anos do século passado.

OS MEGA-ACORDOS REGIONAIS

A mais recente onda de integração comercial regional levou à negociação dos chamados acordos "megarregionais". Ao longo dos anos 2010, foram negociados o Acordo de Parceria Transatlântica de Comércio e Investimento (TTIP, na sigla em inglês), abrangendo a UE e os EUA, a Parceria Transpacífica (TPP, na sigla em inglês), englobando os EUA e muitos países da Ásia Oriental, e a Parceria Econômica Regional Abrangente (RCEP, na sigla em inglês), entre China e grandes economias da Ásia Oriental e Oceania. Para além da sua grande abrangência, os acordos TTIP e TPP foram caracterizados pela profundidade das propostas de integração econômica. Desse modo, eles iriam muito além das questões relacionadas às barreiras comerciais, estabelecendo regras que impactam diretamente nas políticas e economias nacionais. Talvez a proposta que tenha ido mais longe nesse sentido foi a do TTIP. Nesse acordo, políticas públicas dentro de áreas tão diversas, como saúde pública, meio ambiente e a proteção do consumidor, poderiam ser afetadas pelas cláusulas do acordo. Além disso, o TTIP também visava criar um tribunal no qual empresas poderiam processar Estados por introduzirem políticas que prejudicassem os seus lucros.

A profundidade das potenciais implicações do TTIP, assim como o sigilo que marcou o processo negociador, fez com que o acordo encontrasse muita resistência na sociedade civil. Em 2016, após fortes expressões de descontentamento popular na Europa, as negociações do TTIP foram suspensas. Com a eleição de Donald Trump como presidente dos EUA em 2017, que durante a campanha presidencial tinha se apresentado como crítico aos efeitos dos acordos comerciais, o TPP também foi suspenso. O Nafta, por sua vez, cedeu lugar ao USMCA (Acordo Estados Unidos-México-Canadá), que foi negociado com forte liderança de Trump, e entrou em vigor em julho de 2020.

A outra proposta de acordos megarregionais que chegou a ser assinada em 2020 foi a RCEP, que conta com 15 países. O acordo é caracterizado pela sua abrangência, compreendendo quase um terço da economia mundial. Porém, ele não contém provisões tão profundas como a TTIP e o TPP, e, nesse sentido, aproxima-se mais dos acordos comerciais convencionais que focam em tarifas e acesso a mercados. O destino de algumas propostas para acordos comerciais megarregionais chama atenção pelos possíveis limites da integração econômica internacional. Enquanto há um consenso sobre os benefícios de uma economia global aberta ao intercâmbio de bens e pessoas, há também controvérsias, pois tal integração tem forte impacto nos assuntos internos dos Estados. As crises financeiras de 2007-2008 e a crise sanitária e econômica de 2020 abalaram o multilateralismo de forma direta. A própria OMC passou da estagnação para objeto de retrocesso, tanto no fracasso da Rodada Doha como no mecanismo de solução de controvérsias. Em suma, a OMC demorou cinco décadas para ser criada, teve grande efetividade e depois foi profundamente fragilizada. Na virada para o século XXI, foram consolidados os blocos regionais, principalmente o norte-americano com o México, o europeu e o sul-americano. Enquanto os dois primeiros foram reformados, o Mercosul estagnou. As iniciativas africanas (UA, ECOWAS), árabes (Liga dos Estados Árabes) e asiáticas (Asean) permaneceram limitadas. Mais recentemente, os grandes acordos TTIP, TTP e RCEP foram desenhados, mas apenas o último avançou.

O FUTURO DA ORDEM LIBERAL E A CRISE DO MULTILATERALISMO COMERCIAL

Tal como foi o caso com a cooperação internacional de maneira mais geral ao longo da década dos anos 2010, o multilateralismo comercial e a OMC também enfrentaram sérios desafios. A expressão mais concreta disso foi a crise no Órgão de Solução de Controvérsias, dado o bloqueio da nomeação de novos juízes por parte da administração Trump. O Órgão tem muita influência na interpretação das regras da OMC. Em uma situação na qual as realidades econômicas mudam rapidamente, esse órgão tem se encontrado muitas vezes numa situação na qual suas decisões se aproximam da criação de novas regras. Essa função foi fortemente criticada pelos EUA e levou ao impasse e posterior paralisação do sistema de solução de controvérsias da OMC. Num contexto em que a negociação de novos acordos comerciais tem sido muito difícil, o arcabouço comercial global foi fortemente atingido.

Para além da crise do sistema de solução de controvérsias da OMC, as regras e práticas que fundamentaram a grande expansão do comércio internacional desde o fim da Guerra Fria também enfrentam notáveis desafios. A chamada "guerra comercial" a partir de 2018, na qual as duas maiores economias globais, os EUA e a China, impunham barreiras às exportações, afetou o comércio e a economia global como um todo. Mais tarde, durante a crise de covid-19 em 2020, a primeira resposta de muitos países foi impedir a exportação de remédios e produtos hospitalares. Alguns países até adotaram perigosas restrições de exportações de alimentos, desafiando as orientações da OMC, da FAO e da OMS. Nas crises alimentares de 2007-2008 e 2011-2012, tais restrições contribuíram para fortes altas nos preços de alimentos, aumentando a situação de insegurança alimentar de milhões de pessoas. Tais experiências dão conta de que, em situações de crise, os países têm mostrado tendência de olhar para dentro e colocar a cooperação internacional em segundo plano.

A crise no sistema comercial multilateral, porém, data de antes da eleição de Donald Trump e da emergência do populismo nacionalista em outros países. Desde a conferência ministerial em Seattle em 1999, houve expressões cada vez mais claras de crítica em relação à globalização econômica. Desde 2006, as negociações comerciais internacionais têm sido marcadas por grandes impasses. A prática de bloquear a nomeação de juízes no sistema de solução de controvérsias da OMC, de fato, data da época da administração de Obama. De maneira igual, as correntes críticas ao comércio internacional em países desenvolvidos conseguiram frear propostas de acordos megarregionais antes da eleição de Donald Trump. Portanto, a eleição de líderes contrários a muitos aspectos da integração econômica mundial ao longo da última década precisa ser vista como uma expressão de frustrações já existentes. Assim sendo, torna-se interessante considerar os prospectos para a evolução da futura ordem comercial internacional e as questões que podem definir o seu sucesso.

Certamente o comércio internacional tem uma das agendas mais importantes e mais difíceis de serem negociadas em arenas multilaterais. Este capítulo mostrou a lenta institucionalização de regras objetivando a liberalização comercial, marcada pela entrada em vigor do GATT em 1948 e da OMC em 2005. Nesse ínterim, as organizações regionais (ou blocos econômicos) foram criadas e aprofundadas, com especial atenção para a construção europeia baseada no eixo franco-alemão. Um terceiro referencial temporal foi o ano de 2020, marcado pela guerra comercial e tecnológica sino-americana, que levou o diretor-geral da OMC a pedir demissão, a assinatura da RCEP e a entrada em vigor do USMCA. Interessa destacar também o acordo histórico entre as empresas gigantes da aviação comercial Airbus e Boeing em 2021, que pôs fim a um contencioso que durou 17 anos na OMC. Numa perspectiva histórica, a integração comercial internacional passou por um aumento sem precedentes entre 1980-2008: o comércio cresceu 8 vezes e os investimentos estrangeiros diretos aumentaram 30 vezes. Porém, o aumento constante do comércio internacional não é um fato dado, e como vimos não existe razão para pensar nisso como um processo linear e inevitável. Países emergentes – China e Índia em particular –

respondem por grande parte desse aumento. Embora alguns deles tenham se beneficiado bastante do arcabouço comercial internacional ao longo do seu processo de crescimento recente, eles não tiveram muita influência em definir o sistema comercial internacional. Para ser mais representativo e capaz de responder aos desafios atuais, esse sistema também precisa ser mais inclusivo para os atores desses países. A crescente rivalidade entre os EUA e a China é um ponto central nesse sentido. Enquanto essa rivalidade não for superada, pode haver certa margem de negociação dentro das organizações internacionais. Porém, uma profunda reforma da OMC também se faz necessária.

No plano interno, existem grandes desafios a serem superados para que o sistema comercial multilateral recupere a legitimidade, especialmente em países desenvolvidos. Isso se relaciona aos efeitos da integração econômica global, que frequentemente exerce um impacto desproporcionalmente forte em grupos vulneráveis. Não obstante, por muito tempo, os debates e as pesquisas sobre essa temática focaram na importância do efeito geral do processo de abertura comercial para levar a economia a crescer, e menos em como esses ganhos foram distribuídos. Porém, nada garante que trabalhadores empurrados ao desemprego pela concorrência internacional consigam encontrar sustento em outros setores da economia, como os modelos abstratos de muitos economistas tinham tendência de pressupor. Assim sendo, em muitos países o "bolo" da economia cresceu, enquanto o "tamanho de cada pedaço" de muitas pessoas diminuiu. Os países que lidaram bem com a globalização, portanto, foram justamente aqueles que criaram mecanismos para educar as pessoas para trabalhar nos novos ramos da economia, ou retreinar trabalhadores para encontrarem um novo trabalho quando sua fábrica fecha. Portanto, para poder convencer a maioria da população de que a integração econômica global pode beneficiá-la, é necessário criar mecanismos internos para mitigar os impactos domésticos das mudanças econômicas. Em um mundo cada vez mais competitivo e marcado pelas rápidas mudanças da quarta revolução industrial, a educação e a pesquisa tornam-se assuntos de primeira ordem para definir o sucesso da participação na economia internacional.

O desenvolvimento internacional como ideal

No pós-Segunda Guerra, o desenvolvimento tornou-se uma pauta central da agenda internacional, fortemente puxado pela necessidade de reconstrução europeia, de um lado, e pelos chamados líderes do terceiro mundo, influenciados pela rivalidade entre as grandes potências capitalista e comunista, de outro lado. À medida que a descolonização ganhou *momentum*, diferentes visões sobre como os Estados "novos" deveriam buscar se desenvolver marcaram o debate na ONU e nas organizações regionais. Neste capítulo, veremos a evolução histórica e o formato contemporâneo do sistema de desenvolvimento internacional.

Ao longo das últimas décadas, novas pautas também moldaram esse assunto, como, por exemplo, questões ambientais e a prioridade para o desenvolvimento humano. Consequentemente, hoje em dia a questão de desenvolvimento é caracterizada por uma ampla série de conexões com outras pautas globais, tendo assumido um papel que vai muito além de indicadores econômicos, isto é, de somente aumentar a renda e produção nos países. Neste capítulo apresentaremos as tendências fundamentais que moldaram a própria noção de desenvolvimento nas últimas décadas e trataremos dos novos traços adotados no arcabouço institucional de desenvolvimento internacional. O que pode ser entendido por "desenvolvimento" constitui em si uma questão-chave, sobretudo pela relevância na definição das políticas dos países em desenvolvimento.

A ONU COMO UM PROJETO DE DESENVOLVIMENTO MUNDIAL

A evolução do sistema da ONU resultou na criação de uma vasta gama de instituições e iniciativas encarregadas de promover o desenvolvimento econômico e social. Além das organizações com foco específico nessa questão, o amplo escopo da temática significa que ela se torna parte integral de diversas áreas de trabalho da organização, como saúde, meio ambiente, migrações e construção da paz. O tema, sem dúvida, exige uma abordagem plural e aberta, com base na teoria de complexo de regimes ou outras similares, que permitam examinar a interação de múltiplos atores. Uma referência central no sistema de desenvolvimento da ONU é o Banco Mundial (BM). O Banco originou-se como uma das instituições de Bretton Woods criadas no fim da Segunda Guerra Mundial, mas foi posteriormente (1947) incorporado ao sistema da ONU. Não obstante, o BM se diferencia de outras instituições da ONU pela sua estrutura de governança, que é determinada por um papel central dado aos seus maiores países credores. Inicialmente, o Banco Mundial foi criado com o intuito de ajudar na reconstrução dos países devastados pela Segunda Guerra Mundial. Contudo, aos poucos, sua missão tornou-se apoiar projetos de desenvolvimento de longo prazo nos países chamados de terceiro mundo. Muitos deles tinham passado por um processo de descolonização recente, o que lhes deixou em um estágio incipiente de institucionalização do Estado e de vulnerabilidade econômica.

O BM, em geral, concede empréstimos a taxas de juros abaixo daquelas praticadas pelos atores do mercado, frequentemente direcionados a países com dificuldades de acessar mercados globais de crédito. A atuação do grupo do Banco Mundial também recebeu muitas críticas, tanto por suas operações quanto pelas suas estruturas internas. Como essa organização não é governada do mesmo modo que outros órgãos da ONU, mas de maneira proporcional pelos países com maiores contribuições financeiras ao seu portfólio, são poucas nações que detêm grande parte dos votos. Isso remete a uma situação um tanto curiosa, considerando que os países em desenvolvimento são aqueles que dependem do seu financiamento.

Ao longo dos anos 1970 e 1980, o neoliberalismo influenciou fortemente as doutrinas econômicas do Banco. Isso levou ao estabelecimento de fortes condicionalidades sobre políticas e reformas econômicas, que tiveram de ser adotadas pelos países em desenvolvimento, caso quisessem ter acesso aos fundos do Banco. Havia uma clara tendência de essas políticas serem marcadas pela convicção de que o mercado sempre seria o melhor mecanismo de geração de desenvolvimento econômico, medido pelo PIB e outros critérios objetivos e técnicos. Portanto, frequentemente, as condicionalidades do Banco ressaltaram a necessidade de cortar gastos públicos – até em áreas sensíveis como saúde e educação – e abrir as economias nacionais para maior concorrência, mesmo que isso levasse ao fechamento de setores econômicos importantes naqueles países. Enquanto algumas das recomendações do Banco Mundial podem ter tido certa lógica como parte de um processo de modernização econômica, sua implementação por meio da chamada *terapia de choque* foi baseada na ideia de que rápidas mudanças econômicas e institucionais levariam ao crescimento espontâneo da economia. Em muitos países, o resultado foi o contrário, o que eventualmente levou o Banco a reconsiderar suas condicionalidades de financiamento pela concessão de empréstimos.

Um fator que agravou a situação em muitos países em desenvolvimento foi a crise da dívida em 1982. Antes disso, o Banco tinha recomendado que países em desenvolvimento assumissem grandes empréstimos, ressaltando que o impacto em termos da aceleração econômica e os juros baixos do final dos anos 1970 justificavam essa política. Porém, quando o *Federal Reserve* dos Estados Unidos elevou os juros do dólar repentinamente, esses países não somente perderam investimentos, mas também tiveram dificuldades para pagar seus elevados empréstimos. Nessa situação de extrema vulnerabilidade, muitos países se viram forçados a buscar capital no Banco Mundial e no Fundo Monetário Internacional, e tiveram pouco poder de barganha para questionar os chamados programas de "ajuste estrutural" determinados por essas instituições. Além das crises geradas, o Banco Mundial foi pressionado a deixar de financiar projetos contrários ao paradigma de desenvolvimento sustentável, inclusive por diversas organizações não governamentais. A revisão dessas políticas ao longo das últimas décadas levou o Banco a mudar as suas práticas e focar mais em projetos sustentáveis.

Mais recentemente, houve um processo de diversificação sem precedentes de fontes de financiamento. Não somente vários bancos e agências nacionais de desenvolvimento aumentaram a sua participação no exterior, como também formaram o Clube Internacional de Financiamento ao Desenvolvimento (IDFC, na sigla em inglês), cujo foco principal é a agenda do clima. Ou seja, são transformações de quantidade e qualidade, ao lado da criação de novas instituições concorrentes, como o Banco Asiático de Investimento em Infraestrutura (AIIB, na sigla em inglês) e o New Development Bank (NDB ou Banco dos Brics). Esses dois últimos foram criados em 2014, com sede na China.

Outra instituição importante para questões de desenvolvimento no sistema onusiano é o Programa das Nações Unidas para o Desenvolvimento (PNUD). O PNUD foi fundado em 1965 com sede em Nairóbi, a primeira Organização Internacional no continente africano, e com a missão de prover assistência técnica aos países em desenvolvimento. Por falta de consenso à época, criou-se apenas um programa, e não uma organização ou agência. Logo, o PNUD sempre funcionou com um *status* legal muito mais limitado do que o seu escopo de atuação. Os pontos centrais na sua agenda de trabalho são a redução de pobreza e o aumento da governança democrática, resiliência e prevenção de crises. Mais tarde, outras questões, como meio ambiente, energia e gênero, foram adicionadas à agenda institucional. O PNUD está engajado numa série de iniciativas que buscam conciliar seus programas específicos com os objetivos mais amplos de desenvolvimento dos Estados nos quais são implementados. Este constitui um ponto central no trabalho de assistência ao desenvolvimento, dadas as lições recolhidas sobre a importância da sensibilidade às necessidades e valores específicos dos países em desenvolvimento.

Pacotes pré-desenhados por países ou organizações doadores de acordo com a sua visão de desenvolvimento produziram resultados tímidos ou até contraprodutivos. Fortemente vinculada ao processo de desenvolvimento econômico está a questão de governança democrática e transparente. Ela constitui um pilar central do PNUD por meio da criação de um espaço para diálogo mais amplo e que envolva a sociedade civil e o fomento de outras instituições, inclusive do setor privado.

Atualmente, a prevenção de crises e a construção de resiliência são tratadas como elementos interconectados pelo PNUD, que conduz uma série de programas de redução de riscos de segurança, como iniciativas de recolhimento e destruição de armas de fogo. Preparar comunidades locais vulneráveis para enfrentar desastres naturais e esforços para mitigar seus impactos também fazem parte desse objetivo. Energia e meio ambiente igualmente constituem um pilar fundamental no trabalho do PNUD, dada a crescente interconexão entre os sistemas de produção e consumo, bem como os seus impactos socioambientais nas esferas de vida das populações em geral. Projetos com foco em geração de energia, governança de recursos hídricos e manejo da terra, são portanto fundamentais para garantir que o crescimento econômico possa ocorrer da maneira mais sustentável possível. Por fim, questões de gênero e empoderamento das mulheres constitui um assunto cada vez mais importante no processo de desenvolvimento e, por conseguinte, no portfólio do PNUD. Questões de gênero abrangem aspectos fundamentais, como o combate à violência nas sociedades. No que concerne às mulheres, a escolaridade, a saúde reprodutiva e a inserção delas no mercado de trabalho formal são três pontos de destaque, entre muitos outros.

Como uma breve revisão das áreas de trabalho do PNUD demonstram, os aspectos que dizem respeito ao desenvolvimento econômico são extremamente amplos e abrangem temáticas de todas as esferas da vida social. A ONU e as suas agências, bem como o PNUD, visam a intervenções específicas que possam gerar impactos mais amplos e experiências positivas a serem implementadas em contextos semelhantes. Não obstante, é vital estar ciente dos recursos limitados que a ONU tem como uma clara restrição à sua atuação. Portanto, é muito importante que haja um contato próximo entre o sistema de desenvolvimento onusiano e os governos, tanto de países desenvolvidos como em desenvolvimento, para garantir que experiências positivas possam informar os formadores de política e os gestores públicos de projetos. Dessa maneira, deixam de ser exemplos pontuais de eventuais casos de sucesso para constituir o marco de referência de planejamento, execução e avaliação de políticas sociais em muitos países em desenvolvimento.

A PERSISTENTE CLIVAGEM NORTE-SUL E AS VISÕES CONCORRENTES DE DESENVOLVIMENTO

A tarefa de apoiar os esforços de desenvolvimento mundial da qual as instituições do sistema das Nações Unidas são encarregadas é repleta de complexidades. Nesse sentido, uma das principais demandas é como definir o próprio conceito de desenvolvimento. Estabelecer a quem abrange, a quem seu processo beneficiará e quem definirá a sua substância ainda geram intensos debates. Particularmente, as diferentes posições e as diversas experiências de países de renda baixa, média e alta têm se acumulando ao longo dos anos, alimentando perspectivas distintas sobre o processo de desenvolvimento.

Dois paradigmas centrais nesse sentido foram a teoria de modernização e a teoria de dependência. De certa maneira, elas constituem visões contrastantes sobre o processo de desenvolvimento, sobretudo em relação a como os países devem buscar esse objetivo com uma adequação de sua estratégia econômica nacional e seu modelo de desenvolvimento. A teoria da modernização implica uma visão de processo de desenvolvimento como um *continuum*, ou melhor, um caminho predefinido que os diferentes países percorrem no sentido do objetivo final, que é se tornar "desenvolvido". Essa teoria tem suas raízes no pensamento do sociólogo alemão Max Weber, que ressalta a importância da racionalização, eficiência, meritocracia e imparcialidade como princípios norteadores da modernização das sociedades. A visão implícita na teoria de modernização, portanto, é que o processo de desenvolvimento compreende certos elementos centrais que não variam muito de país para país. Portanto, a única diferença que determina o quão desenvolvido e próspero um país é são seus avanços em diferentes áreas, como o aumento da produtividade na agricultura; a construção de infraestrutura; o grau de industrialização; a provisão de serviços essenciais como saúde e educação; e o desenvolvimento de uma burocracia moderna no Estado de direito democrático.

A mensagem implícita na teoria de modernização é que os países chamados de subdesenvolvidos na década de 1960 somente se diferenciam pelo fato de ainda não terem se desenvolvido e, por conseguinte, deverem buscar trilhar o mesmo caminho dos países desenvolvidos. As recomendações feitas nos planos decenais desenvolvidos pela ONU entre 1960-1980 foram fortemente marcadas por visões enraizadas na teoria de modernização. Consequentemente, os projetos apoiados pelas agências da ONU naquela época foram orientados para facilitar a transição de economias agrárias de subsistência para uma agricultura mais produtiva, que, por sua vez, forneceria a base para o processo de industrialização. As causas do atraso foram vistas como internas, o que significaria que intervenções externas, como a transferência de tecnologia ou modelos de administração eficiente poderiam tirar os países subdesenvolvidos da sua situação inicial. Esse paradigma modernizante também chegou a influenciar agências de desenvolvimento nacionais, sobretudo nos Estados Unidos, e alimentou a criação da Aliança pelo Progresso e a Agência de Desenvolvimento Internacional dos EUA.

Ao longo da última parte do século XX, outro paradigma com forte influência no pensamento sobre desenvolvimento foi a teoria de dependência. Ela teve parte das suas raízes no estruturalismo e nas ideias que nasceram da Comissão Econômica pela América Latina e o Caribe (Cepal), das Nações Unidas. Pensadores como Raul Prebisch, Celso Furtado, Osvaldo Sunkel e Aníbal Pinto foram figuras centrais para essa vertente de pensamento, que também marcou elementos do segundo e terceiro plano decenal de desenvolvimento da ONU. Ao contrário da visão principal da teoria de modernização que tendia a perceber vínculos externos como meios para acelerar o processo de desenvolvimento, a visão dos dependentistas enxergava esses vínculos como a causa do subdesenvolvimento; notadamente, aqueles entre países desenvolvidos e em desenvolvimento. Como exportadores de matérias-primas, países em desenvolvimento foram relegados a atividades econômicas de pouco valor agregado, que não tendiam a se valorizar ao longo do tempo em relação aos bens manufaturados. A grande importância relativa dessas atividades na economia resultaria em um desequilíbrio social e no surgimento de uma elite interessada em manter a situação de dependência econômica em relação às exportações de matérias-primas.

De acordo com o ponto de vista dos teóricos da dependência, haveria uma necessidade de cortar os vínculos econômicos com os países desenvolvidos e focar em um processo de industrialização interna forçada para poder chegar ao nível de industrialização dos países desenvolvidos. Portanto, chegar ao ponto de ser um país desenvolvido não era somente uma questão de tempo para os países pobres, mas também dependia da sua estratégia para obtenção de um espaço diferente na divisão internacional do trabalho. A Cepal chegou a ter uma grande influência nas Américas, e segue tendo até hoje, embora as doutrinas de desenvolvimento que pregava nos anos 1960-1970 tenham sido revisadas posteriormente. A Comissão contribuiu significativamente para os debates sobre desenvolvimento que influenciaram o pensamento muito além do contexto da América Latina. Em 1974, então, a Assembleia Geral da ONU chegou a adotar a Resolução 3.201, que supostamente criaria a Nova Ordem Econômica Internacional (NOEI), focada nas perspectivas dos países em desenvolvimento.

DO SUBDESENVOLVIMENTO
AO DESENVOLVIMENTO SUSTENTÁVEL

Nas primeiras décadas do pós-guerra, a noção de desenvolvimento nacional foi fortemente marcada pela medida do progresso material, da industrialização e da modernização técnica da sociedade. Entretanto, como vimos, o próprio conceito de desenvolvimento não se presta a uma definição simples. O uso de recursos naturais era visto como parte natural do processo de desenvolvimento, e até como um indicador de progresso. Isso provocou uma alta no consumo de carvão e petróleo, no desmatamento, bem como na produção aço ou cimento, o que fez com que a construção de infraestrutura se tornasse motivo de orgulho nacional. A intensidade com a qual os países ricos – e alguns países em desenvolvimento – chegaram a consumir recursos naturais, entretanto, começou a despertar preocupações com o chamado crescimento predatório. Depois da reconstrução acelerada da Europa até cerca de 1975, período denominado por Jean Fourastié de "os trinta anos gloriosos", as consequências ambientais da atividade humana começaram a se tornar evidentes e foram comprovadas pela ciência. Inicialmente, uma das principais preocupações era a poluição atmosférica e dos corpos hídricos, ocasionada pelo uso de energias fósseis, pela chuva ácida e pelo uso de produtos químicos nas atividades industriais e agrícolas, sobretudo na Europa e na América do Norte.

Por iniciativa da Suécia, em 1972, a Assembleia Geral das Nações Unidas convocou a Conferência das Nações Unidas sobre o Meio Ambiente Humano (CNUMAH), que mais tarde seria conhecida como Conferência de Estocolmo. O encontro foi um marco na inserção da pauta ambiental nas agendas da ONU. Apesar de a Conferência ter sido marcada pela dupla clivagem entre países desenvolvidos e em desenvolvimento, e entre países capitalistas e comunistas, uma série de princípios importantes foi adotada em declaração, e um plano de ação foi criado. Os princípios estabelecidos na Conferência de 1972 ressaltaram a importância da capacidade regenerativa dos recursos naturais; a defesa da vida silvestre; a diminuição da poluição na Terra; o compartilhamento de recursos finitos; o papel do desenvolvimento com relação ao meio ambiente; e a necessidade de assistência aos países em desenvolvimento. Esta última ênfase na eliminação da pobreza como parte do processo ambiental foi assunto caro aos países do Sul, sobretudo a Índia e a China, que se destacaram na defesa do direito ao desenvolvimento.

A conferência também teve função importante em termos de estimular que os Estados incorporassem questões e princípios ambientais às suas respectivas legislações nacionais, com a posterior criação de ministérios do meio ambiente na maioria deles. Dessa forma, a CNUMAH contribuiu para fortalecer o caráter global da pauta ambiental e a interconexão entre o nível doméstico e internacional. Esse foco foi consequência das manifestações cada vez mais claras dos fenômenos ambientais que perpassam fronteiras nacionais. Assim, o reconhecimento da interdependência ecológica levou a um maior reconhecimento da necessidade de cooperação intergovernamental. Além de consolidar importantes princípios sobre a governança ambiental, a Conferência de Estocolmo também teve resultado concreto por meio do estabelecimento do Programa das Nações Unidas para o Meio Ambiente, ou mais recentemente o Programa Ambiental das Nações Unidas (PNUMA, na sigla em inglês, ou UN Environnement).

A Declaração de Estocolmo foi um marco importante na institucionalização dos esforços coletivos de gestão ambiental. Não obstante, nos anos seguintes, a magnitude dos desafios a serem enfrentados e as complexidades relacionadas a essas tarefas ganharam em proporção. Havia pelo menos duas grandes linhas de atuação. Enquanto os países desenvolvidos defendiam uma pauta preservacionista com foco estritamente ambiental, os países em desenvolvimento defendiam um foco socioambiental, que pode ser resumido no argumento da diplomacia indiana de que a pobreza era a pior forma de poluição ambiental. Questões polêmicas, como, por exemplo, de que modo conciliar crescimento econômico com a preservação do meio ambiente, e como os custos dessas políticas deveriam ser distribuídos entre países desenvolvidos e em desenvolvimento, foram trazidas ao debate. Isso tudo levou ao questionamento do conceito de desenvolvimento e a tentativas de reinventar os pilares, as características e as metas inerentes a esse processo.

Em 1987, a chefe da Comissão Mundial sobre Meio Ambiente e Desenvolvimento, Gro Harlem Brundtland, apresentou o relatório *Nosso Futuro Comum*, que consagrou o conceito de desenvolvimento sustentável. O relatório inovou ao propor uma abordagem conciliadora entre os interesses de desenvolvimento e de preservação da natureza. No documento, desenvolvimento sustentável foi definido como aquele que permite que as gerações futuras tenham o mesmo direito de usufruir dos recursos dos quais a geração presente dispõe. Ou seja, fortalece a solidariedade entre as gerações presentes e futuras. Trouxe também o tripé do desenvolvimento, isto é, que seja economicamente viável, racional do ponto de vista ambiental e socialmente justo. Dessa maneira, faz sentido pensar no estabelecimento de um complexo de regimes internacionais, envolvendo diversos atores do setor público e privado. Além disso, o desenvolvimento sustentável supõe que as atividades das presentes gerações teriam como premissa importante garantir a melhoria da qualidade de vida no plano global. Assim, a gestão sustentável dos recursos naturais também poderia constituir uma boa oportunidade para o crescimento econômico, por meio do surgimento de novas atividades mais sustentáveis, como a energia renovável, a implementação de novas soluções técnicas menos consumidoras de recursos naturais e a descarbonização da economia global.

Nos anos 1990, o contexto de uma nova ordem unipolar, liderada por Washington, inaugurou a década das grandes conferências da ONU. A Conferência das Nações Unidas sobre Meio Ambiente e Desenvolvimento (CNUMAD, Rio 92 ou Cúpula da Terra no Rio de Janeiro em 1992) apresentou a agenda de meio ambiente como um novo projeto para o futuro, empregando o conceito de governança global. De fato, a década de 1990 foi o ápice das negociações multilaterais para a consolidação de diversos temas e tratados no âmbito da ONU.

A Rio 92 também expandiu o foco de trabalho para um amplo leque de questões e problemas ambientais que tinham se tornado evidentes. Entretanto, cabe destacar a inserção do termo "desenvolvimento" no título da Cúpula, que foi uma vitória diplomática para os países do Sul, mobilizados como G77/China. Outro resultado central da Rio 92 foi a Agenda 21, com o reconhecimento da importância do empoderamento de outros atores não estatais, como as mulheres e populações indígenas e locais, detentores de "conhecimento tradicional".

A Convenção sobre Diversidade Biológica (CDB ou Biodiversidade) foi, nesse sentido, o principal marco legal na Cúpula. A sua pauta com maior importância para a posteridade foi, sem dúvida, o reconhecimento da mudança global do clima, com a assinatura da Convenção-Quadro das Nações Unidas sobre Mudança do Clima (CQNUMC ou UNFCCC, na sigla em inglês). Essa convenção criou o núcleo do que seria um "complexo de regime" sobre mudança climática (Victor e Keohane, 2010). Mais tarde, o regime se expandiu com importantes marcos, como o Protocolo de Quioto (1997) e o Acordo de Paris (2015). Cabe destacar que o regime do clima criou várias inovações político-legais, como os mecanismos de flexibilidade, e fortaleceu o processo de reuniões anuais e deliberativas com as conferências das Partes (CoP).

Outros acordos importantes decorrentes da mobilização de 1992 foram a Declaração de Florestas e a Declaração de Princípios. A cúpula retomou os princípios da Conferência de Estocolmo, mas com leitura atualizada. O princípio de informação e assistência foi consagrado em razão do acidente nuclear de Chernobyl em 1986, enquanto o princípio de precaução foi promovido por causa da biotecnologia, e mais especificamente dos organismos vivos modificados (OVM ou transgênicos). Já o princípio da precaução permitiria, do ponto de vista jurídico, que atividades com alto impacto ambiental fossem proibidas, mesmo com a ausência de evidências científicas. Os princípios foram empregados principalmente na Organização Mundial do Comércio e no regime do Protocolo de Cartagena de 2001, relativo ao movimento transfronteiriço de organismos vivos modificados, porém nunca teve a devida importância no Direito Internacional, e muito menos nas Relações Internacionais comerciais.

Outro princípio inovador foi o de "responsabilidades comuns, porém diferenciadas" (RCPD ou CBDR em inglês) criado no regime do clima, fruto de consenso diplomático para manter todos unidos, porém reconhecendo suas respectivas capacidades nacionais. Apesar do reconhecimento geral da conexão entre diferentes regimes e a disparidade social em nível global, o RCPD não foi devidamente adotado no sistema ONU até hoje. Igualmente, a Declaração sobre Todos os Tipos de Florestas foi resultado de negociações diplomáticas tão árduas que até hoje inexiste um regime sobre florestas. Ambas as declarações de 1992 são marcadas pelas tradicionais clivagens entre o Sul em desenvolvimento e o Norte desenvolvido, quando os primeiros insistem nas responsabilidades históricas e nas estruturas globais de exclusão social e os segundos insistem na necessidade futura de conservar recursos naturais, principalmente com agenda focada nas florestas tropicais. Ademais, o Tratado sobre Desertificação, tendo sido assinado mais tarde, também resultou diretamente das tratativas diplomáticas de 1992. Dessa maneira, a Cúpula da Terra no Rio de Janeiro foi o evento mais marcante na história do desenvolvimento sustentável no plano global, consagrando a governança da sustentabilidade global como o caminho a ser construído.

O conceito de desenvolvimento sustentável chegou a permear uma série de agendas e organizações internacionais. Eventos como a Rio+5, em Nova York e a Rio+10, em Joanesburgo (ou Cúpula do Desenvolvimento Sustentável), foram tentativas de manter a robustez da agenda de desenvolvimento sustentável na ONU e reafirmar os compromissos diplomáticos de 1992. No caso da Cúpula de 2002, enquanto o grupo africano preparou o evento com brilhantismo, a agenda foi esvaziada pelo interesse de alguns países do eixo euro-atlântico em priorizar a Guerra do Golfo. Ao longo dos anos, diversas agendas multilaterais foram adotadas, com temas afeitos ao desenvolvimento sustentável de forma ampla. Entre elas, cabe sublinhar a Agenda de Ação de Addis Abeba (AAAA) e a Agenda do Milênio (2000-2015) com seus oito Objetivos de Desenvolvimento do Milênio (ODM). A ONU também proclamou os dez anos entre 2005-2014 como a Década das Nações Unidas pela Educação em Desenvolvimento Sustentável.

O princípio de ação estruturante de desenvolvimento sustentável também está fortemente presente na Agenda 2030 da ONU e seus 17 Objetivos de Desenvolvimento Sustentável. A pauta ganhou força à medida que os impactos do ser humano no planeta têm se tornado incontestáveis, tendo os seus efeitos chegado ao ponto de ameaçar a base ecológica da existência humana, o que a comunidade científica denominou "limites planetários".

Desenvolvimento sustentável, portanto, pode ser encontrado no topo de prioridades tanto de Organizações Internacionais quanto de atores privados, principalmente da sociedade civil organizada, e tem influenciado diversas pautas globais. Também integra projetos de assistência ao desenvolvimento e tem sido incorporado como parte central das condicionalidades das instituições financeiras internacionais, como no New Development Bank. Portanto, em larga medida, a questão sobre a importância dos assuntos ambientais parece ter sido consolidada, sendo muito mais provável que o foco agora seja em definição, substância e modo de operacionalização concreta dessas agendas.

O DESENVOLVIMENTO HUMANO E AS AGENDAS GLOBAIS

O conceito de "desenvolvimento humano" precisa ser analisado no contexto do desenvolvimento como um ideal tradicional do sistema ONU, porém marcado por grandes etapas anteriores à sua adoção, bem como por etapas mais recentes, que podem ser sintetizadas como na Tabela 2:

Tabela 2 – Fatores e processos marcantes de 1960 a 2020

Década	Agenda
1960	Expansão do sistema ONU, marcado pela Guerra Fria e descolonização. Desenvolvimento visto como um problema do Sul.
1970	Consolidação do sistema ONU e corrida armamentista/nuclear. Forte desenvolvimento do Norte, em detrimento do Sul. Mobilização do G77 por seu direito ao desenvolvimento.
1980	Regionalização com múltiplas agendas. Década perdida para diversos países do Sul. Desenvolvimento sustentável como princípio de conciliação entre o Norte e o Sul.
1990	Fim da ordem bipolar, globalização e governança global. Década das grandes conferências da ONU. Agenda 21.
2000	Ascensão dos países emergentes, atores do mercado e crise do multilateralismo. Agenda do Milênio.
2010	Decepção com a Agenda do Milênio no esteio da crescente rivalidade Washington-Pequim. Agenda 2030.
2020	Pandemia de covid-19. Pacto Build Back Better World (3BW) do eixo euro-atlântico.

Fonte: Elaboração dos autores.

Nesse contexto evolutivo, o desenvolvimento humano foi um dos conceitos promovidos pelo PNUD com o duplo objetivo de conectar agendas de segurança, desenvolvimento, comércio e direitos humanos, bem como de adotar critérios mais qualitativos e adequados para as diferentes realidades dos membros da ONU. Enquanto critérios objetivos, como o PIB e a renda *per capita*, permitem uma fotografia de cada Estado-membro como um bloco monolítico, o desenvolvimento humano, ao contrário, tem sido utilizado para colocar a humanidade como o cerne do debate na ONU e das políticas públicas dele decorrentes.

Um dos principais inspiradores do debate foi Amartya Sen, defendendo a tese de "desenvolvimento como liberdade", título de livro que o fez receber o prêmio Nobel de Economia em 1998. Outros pesquisadores centrais foram Ignacy Sachs e Jeffrey Sachs, e há centenas de relatórios pertinentes publicados pela ONU. Ignacy Sachs defendeu que cada país deveria ter seu próprio modelo de desenvolvimento, unindo economia, ecologia e políticas públicas, fortalecendo conceitos como "pré-cidadão" e "trabalho decente" desde a década de 1960. Além de oferecer os fundamentos para o debate atual, contribuiu muito para as discussões em Estocolmo em 1972, e depois no Brasil e na Índia. Jeffrey Sachs, por outro lado, contribuiu para o sistema ONU como consultor contratado, principalmente na elaboração da Agenda do Milênio, com argumentos que afirmavam que a pobreza poderia ser erradicada – registrados no livro *The End of Poverty* (2005) –, caso o sistema ONU lograsse sucesso na revitalização de Organizações Internacionais que realmente deveriam sustentar o sistema, começando com as agendas de desenvolvimento, educação e saúde.

A agenda de desenvolvimento humano passou, então, a adotar novos critérios com vistas à criação de um ranking, baseado no índice de desenvolvimento humano (IDH). Entre eles, uma vida longa e saudável, anos de escolarização, com foco na qualidade de vida. Serviu também para analisar como dois países com economia comparáveis, em termos de PIB, teriam adotado diferentes políticas públicas e atingido resultados diferentes. Ou seja, países como Japão, Coreia do Sul e mais recentemente Índia e China teriam conseguido tirar milhões de pessoas da situação de pobreza extrema, enquanto outros, ao contrário, apresentam atualmente um IDH mais bem baixo do que tinham na virada do século, como no caso da Venezuela e Síria. Outros, como o Brasil, mantiveram uma melhora lenta, mas gradativa desde que o IDH começou a ser estimado. Certo é que existem diversos relatórios concernentes a desenvolvimento com escopo global, dentro e fora do sistema ONU, como o Relatório de Riscos Globais do Fórum Econômico Mundial (WEF, da sigla em inglês).

A Organização para a Cooperação e Desenvolvimento Econômico de 1961 (OCDE), herdeira da Organização para a Cooperação Econômica de 1947 (OECE), também contribuiu muito para o debate sobre desenvolvimento internacional e cooperação de grandes economias, incluindo a soviética. Com suas próprias prioridades e métodos, a OCDE é um referencial mundial sobre temas concernentes ao desenvolvimento global, porém contestado por países do Sul no que diz respeito aos critérios adotados na contabilidade da ajuda oficial, por exemplo, a Ajuda Oficial ao Desenvolvimento (ODA). Outrossim, diversas universidades e centros de pesquisa têm forte atuação no tema, como as Universidades de Yale (ambiental), Princeton (arsenais nucleares), Colúmbia (desenvolvimento e políticas públicas) e Toronto (Direito Internacional).

No que concerne às agendas globais, o embrião de arranjo institucional pensado em Estocolmo levou à Agenda 21 em 1992, com base no presente, mas com foco no futuro, e uma abordagem democrática sem precedentes. O imperativo de combate à pobreza extrema e o desafio da sustentabilidade foram esboçados de forma conjunta, em 40 capítulos. As quatro partes foram divididas em: dimensões socioeconômicas, recursos, atores e implementação. Iniciativas minilaterais em paralelo, como o Fórum Ibas e o grupo Brics merecem destaque por envolverem o Brasil na época que Brasília almejava ter papel relevante nas agendas globais. O Ibas foi uma iniciativa brasileira de reunir Índia e África do Sul como grandes democracias de países em desenvolvimento com destaque regional e problemas sociais em comum. Apesar de não ter tido o sucesso planejado, teve o objetivo de reforçar a agenda de desenvolvimento do Sul para o Sul, com esses países assumindo o papel de provedores de recursos financeiros.

O Brics foi discutido em 2006 às margens da Assembleia Geral da ONU, mas criado oficialmente em 2009 por iniciativa russa. Reúne Brasil, Rússia, Índia e China, acolhendo África do Sul em 2010. Com uma agenda formalizada a partir de declarações anuais, o Brics tem sido sistematicamente questionado sobre sua relevância e perenidade. Contudo, merece destaque o fato de ter agrupado países que são rivais tradicionais em diversas agendas, principalmente China, Rússia e Índia.

Na virada do século, a Agenda do Milênio foi adotada em 2000 pela ONU como resultado de um grande balanço dos avanços e fracassos do século XX. Apesar de ter sido um grande marco referencial, sofreu várias críticas por ter sido formulada com a participação limitada dos seus eventuais beneficiários, ou seja, era uma Agenda para os países do Sul, mas foi elaborado por consultores internacionais, com o tradicional viés Norte-Sul. Em 2015, a Agenda 2030, adotada em resposta à Agenda precedente, manteve basicamente as metas, mas com três diferenças imensas. Primeiro, com maior espaço para os desafios do Antropoceno, ou seja, o reconhecimento de riscos globais e a urgência da ação efetiva de todos os membros. Outras organizações seguiram a mesma linha, como a OCDE e a União Europeia. Segundo, não foi uma Agenda só para o Sul, como se não houvesse problemas socioambientais no Norte do planeta ou ali não existisse a maior parte da responsabilidade sobre os problemas criados por atividades humanas. Ou seja, 2015 foi sem dúvida um ano de inflexão, com a adoção da Agenda 2030 e do Acordo de Paris para o clima. E por último, e mais importante, o retorno ao processo mais democrático de participação ampliada de todos os Estados-membros da ONU, como havia sido o caso na Rio 1992. Com seus 17 Objetivos de Desenvolvimento Sustentável, a Agenda 2030 tornou-se um grande projeto global, mas a implementação de políticas nacionais tem sido muito mais lenta do que o necessário, segundo avaliação da própria ONU, em geral, e do secretário-geral, em particular.

A AGENDA 2030 E OS SEUS LIMITES

São vários os pontos de reflexão para discutir o paradoxo da efetividade das agendas da ONU. Se a humanidade nunca esteve tão bem-informada, conectada e preparada para enfrentar problemas globais, como a fome e a pobreza; se a ONU tem mais de sete décadas de funcionamento e um sistema relativamente amplo; se a humanidade nunca foi tão "rica", qual a fonte dos entraves para políticas públicas efetivas, nos moldes da Agenda 2030? Certo é que a ONU não pode assumir sozinha as críticas pelos fracassos reportados até o momento. Entre eles, a concentração de renda, a degradação ambiental, a violência disseminada nas sociedades, os riscos existenciais, como a instabilidade climática e o uso indevido (e até criminoso) das melhores tecnologias disponíveis.

Os limites da Agenda 2030 são muitos, e foram amplamente debatidos, inclusive dentro do próprio sistema ONU. Cabe ressaltar dois pontos centrais. Primeiro, como os secretários-gerais alertaram, desde a época de Kofi Annan de forma contundente, sem a vontade política de todos os membros e a liderança dos Estados mais poderosos, dificilmente a ONU teria sucesso em qualquer agenda. Em outras palavras, a chamada "crise do multilateralismo" corresponde a períodos históricos recentes, nos quais a vontade política desvaneceu. Segundo, sem uma intensa participação de outros atores envolvidos, principalmente do mercado e da sociedade civil organizada, a Agenda 2030 não poderá avançar na velocidade desejada. O difícil equilíbrio entre o papel do governo (o representante) e dos demais atores (os representados) no sistema ONU é sem dúvida um dos grandes desafios da Agenda 2030. Um exemplo emblemático é a geopolítica da pandemia, que deixou claro como os mecanismos de cooperação podem ser fragilizados em questão de dias, enquanto as Organizações Internacionais levam meses para responder a graves crises sanitárias, humanitárias, comerciais e diplomáticas. Além da criação da GAVI e da Estratégia Covax, cabe sublinhar o papel do G7 na geopolítica das vacinas.

Finalmente, as relações de poder assimétricas continuaram a marcar as desigualdades no plano global. Nesse sentido, a imposição de modelos de desenvolvimento das grandes instituições internacionais teve por consequência a implementação de modelos insensíveis às realidades socioeconômicas em países em desenvolvimento. Desde a década de 1980, estão sendo propostas novas agendas na área de desenvolvimento global, sobretudo a Agenda 2030, para reorientar parcialmente o foco do sistema ONU para as pessoas, planeta, paz, prosperidade e parcerias (os 5P). Destaque para a constatação de que não há uma Organização Internacional formal para o desenvolvimento, nos moldes de outras Organizações Internacionais como a Organização Mundial da Saúde (OMS). Porém, há a Organização das Nações Unidas para o Desenvolvimento Industrial (Onudi) e apenas o Programa das Nações Unidas para o Desenvolvimento (PNUD), que funciona *de fato* como uma Organização Internacional, presente em 170 países.

Direitos humanos e justiça global

A intensificação dos conflitos ao longo do século XIX e XX resultou na necessidade de definição dos princípios concernentes à proteção internacional da pessoa humana de maneira ampla e do direito humanitário, sobre os limites do uso da força em situações de conflito. Esses princípios foram se desenvolvendo gradativamente em resposta ao surgimento de novas formas de violência. Ao longo da última metade do século XX foi criado o sistema de direitos humanos na ONU, consolidado como um dos regimes mais profundamente enraizados no Direito Internacional. Neste capítulo, destacaremos a evolução e a ampliação da agenda das instituições e organizações de direitos humanos e humanitários, sem perder de vista a sua conexão com outros regimes. Apresentaremos o caminho traçado desde os pactos da era bipolar até sua expansão e consolidação, que caracterizam a institucionalidade internacional contemporânea. Os debates sobre a universalização das normas de direitos humanos e os limites à soberania nacional também são objeto do capítulo. Dessa maneira, fizemos um balanço sobre sua trajetória histórica e dos desafios presentes nas questões relacionadas aos direitos humanos e a justiça global.

DIREITOS HUMANOS E DIREITO HUMANITÁRIO INTERNACIONAL

"A vida do homem é solitária, pobre, desagradável, brutal e curta". Assim falou o grande pensador político do século XVII, Thomas Hobbes, quando refletia sobre a condição humana, sujeita aos constantes perigos e sofrimentos que a esmagadora maioria das pessoas daquela época enfrentavam. Tanto nas sociedades europeias quanto em outras partes do mundo, os indivíduos estavam sujeitos a uma forte hierarquia baseada no *status* de nascimento. Nessa situação, a vida dos que não pertenciam à pequena aristocracia ou às classes de comerciantes não tinha muito valor. Fome, escravidão, tratamento degradante, execuções, tortura e mutilações em graus variados fizeram parte da vida das pessoas ao longo da história, e não raro algumas dessas dificuldades foram institucionalizadas como parte das práticas sociais e punitivas. Se alguém pudesse hoje voltar alguns séculos no tempo, o que provavelmente mais assustaria é o fato de que muitas das práticas agora condenadas a partir de um ponto de vista ético já foram consideradas normais e socialmente aceitáveis. Na Antiguidade, saquear cidades e escravizar a sua população era o privilégio do conquistador vitorioso, que ainda receberia muitos elogios pelo seu feito. Um dita-do conhecido como do imperador mongol Gengis Khan dizia que "A maior alegria do homem é a vitória: conquistar os inimigos, persegui-los, privá-los de suas posses, fazer os seus amados chorarem, montar em seus cavalos, e abraçar as suas esposas e filhas... [!]."

A ideia de que todo ser humano, independentemente do seu *status* social, tinha uma certa dignidade e valor inerente e inegável começou a se consolidar somente na época do Iluminismo, no final do século XVIII, com filósofos como Immanuel Kant (1724-1804) e Jean-Jacques Rousseau (1712-1778). As ideias humanistas e iluministas influenciaram a Revolução Francesa de 1789, e mais tarde inspiraram movimentos de libertação na América Latina. Ao longo do século XIX, constituições liberais em diversos países já continham alguns direitos individuais, que frequentemente outorgaram ao cidadão certo grau de proteção contra transgressões por parte do Estado, e também direitos de se expressar livremente e participar do processo político. Como um Estado-Nação constitui uma unidade política e administrativa relativamente coesa, implementar direitos essenciais era muito mais viável no plano doméstico do que no plano internacional. Não obstante, na última parte do século XIX, o Direito Internacional avançou nesse sentido.

Um importante marco no surgimento do regime humanitário internacional – conceito que trata dos direitos que dizem respeito a situações de guerra – foi a Primeira Convenção de Genebra de 1864, estabelecida por iniciativa do suíço Jean-Henri Dunant. Essa Convenção foi motivada pelos conflitos europeus daquele período e pela crescente escalada das guerras que levaram a muita destruição e mortes no continente. Tendo em vista os eventos de conflito, ela buscou distinguir a população civil dos militares e impor limites à crueldade humana. Outro marco central foram as Convenções de Haia (1899 e 1907). A primeira, de 1899, estabeleceu provisões para a proteção de combatentes feridos e a conduta da guerra em terra para limitar danos à população civil, como, por exemplo, a proibição de saquear e bombardear cidades indefesas. A segunda, de 1907, regulou a declaração de guerra, o *status* de neutralidade e focou muito na conduta da guerra naval, ponto que havia sido relativamente negligenciado na convenção anterior. O renomado jurista brasileiro Ruy Barbosa teve participação destacada nessa conferência, quando da sua defesa do princípio de igualdade soberana entre as nações.

Após a Primeira Guerra Mundial, que havia causado destruição em um nível nunca visto, as Convenções de Genebra foram revistas e expandidas. As primeiras, de 1929, atualizaram as regras relativas ao tratamento de prisioneiros de guerra e também às provisões que se relacionavam ao tratamento de soldados feridos. É possível afirmar que a institucionalização do direito humanitário internacional constitui uma resposta direta às tecnologias empregadas na guerra, como gases tóxicos, bombardeio aéreo e, de modo geral, a industrialização do complexo bélico-militar.

Extremamente importantes para o direito humanitário internacional contemporâneo foram as quatro Convenções de Genebra de 1949, assinadas na esteira da grande catástrofe humanitária que foi a Segunda Guerra Mundial. A Primeira Convenção garantiu os direitos dos feridos e doentes. Nela, o artigo 9 garantiu a não obstrução do fornecimento de ajuda humanitária, o que assegurou uma base legal fundamental para organizações como o Comitê Internacional da Cruz Vermelha (CICV) poderem operar em zonas de conflito, enquanto o artigo 12 estipulou que soldados das forças armadas deveriam ser tratados de forma humana, sem discriminação de nacionalidade, raça, religião ou opinião política, também proscrevendo a tortura em qualquer circunstância.

A Segunda Convenção de Genebra garantiu os direitos dos náufragos e feridos no mar. Os direitos dos prisioneiros de guerra foram tratados na Terceira Convenção de Genebra, que no seu artigo 3 tratou da proteção à pessoa humana em caso de conflitos não internacionais e definiu uns padrões mínimos para tal. Ainda assim, essa Convenção prestou relativamente pouca atenção a esse tipo de conflito, que se tornou cada vez mais comum, com a eclosão de guerras civis na época de descolonização afro-asiática.

A Quarta Convenção de Genebra garantiu a proteção dos civis/não combatentes em guerra, e o artigo 3 estipulou a proteção de pessoas em uma situação de conflito não internacional e a proibição de assassinato, tortura e tratamento degradante, tanto como o uso de civis como reféns. Protocolos adicionais às Convenções de Genebra foram assinados em 1977. Esses protocolos complementam as provisões das Convenções de 1949 nas definições de meios bélicos proibidos, na proteção de feridos e da população civil.

Posteriormente à Convenção de Genebra de 1949, houve um movimento inédito de institucionalização de instrumentos do direito humanitário internacional, no qual uma série de convenções foram estabelecidas. A Convenção de 1954 pela Proteção de Propriedade Cultural no Evento de Conflito Armado; a Convenção de Armas Biológicas de 1972; a Convenção de Armas Convencionais de 1980; a Convenção de

Armas Químicas de 1983; a Convenção de Minas Terrestres de Ottawa de 1997; o Protocolo Opcional pela Convenção sobre o Direito da Criança e o Envolvimento de Crianças em Conflito Armado de 2000. Como a expansão do número de convenções e tratados na área de direito humanitário internacional ao longo das últimas décadas do século XX demonstra, houve um processo de multiplicação de normas humanitárias nesse período.

Martha Finnemore e Kathryn Sikkink (1998) definiram essas normas como resultados de "percepções morais compartilhadas, que justificam certas linhas de ação". O processo de proliferação de normas no meio internacional é caracterizado pelas autoras como "cascatas de normas", pelas quais normas chegam a ganhar prevalência com a aceitação/internalização de novas percepções gerais sobre um certo assunto. Essas cascatas de normas são então seguidas por um processo de internacionalização, por meio do qual chegam a definir o que é visto como comportamentos adequados no meio internacional, o que se reflete nas instituições e no Direito Internacional. Em outros termos, há um processo incessante de internacionalização do direito, como uma via de mão dupla entre os arcabouços jurídicos nacionais e o internacional.

Desde os anos 1970, podemos observar esse processo na área do direito humanitário internacional, com ênfase em relação à proteção de não combatentes e à abolição de armas altamente letais. Nos anos 1990, o foco desse movimento normativo foi na segurança humana, sobretudo nas vítimas de ações militares. Segurança humana focou no nível do indivíduo ou da comunidade, em vez do conflito armado como fenômeno interestatal. Entretanto, vale destacar que o avanço normativo não se traduziu em melhoria significativa na segurança das pessoas. A disseminação da violência na sociedade e a dificuldade de distinção entre situação de guerra e outros conflitos fizeram com que diversas atrocidades permanecessem marcantes na virada do milênio. Dois dos casos mais emblemáticos para as Organizações Internacionais foram o genocídio de Ruanda e a faxina étnica realizada pelos sérvios. Houve vários outros casos liderados por autoridades ou por grupos não estatais contra minorias étnicas, conflitos motivados por movimentos separatistas, terroristas, radicais islâmicos, entre outros. Por falta de instâncias militares, policiais e jurisdicionais adequadas, a maior parte desses crimes permaneceu impune.

Em 1951, a Comissão de Direito Internacional da ONU estabeleceu um comitê para elaborar o estatuto de um futuro tribunal criminal internacional, porém os trabalhos foram suspensos até o final da ordem bipolar. Ressalte-se que outras iniciativas de criação de algo similar haviam fracassado ao longo da história, por exemplo, em 1474, em Breisach, em 1860, nos períodos pós-Primeira e Segunda Guerra Mundial. Ademais, tribunais *ad hoc* e/ou militares foram criados depois de 1945, como nos casos do Tribunal de Nuremberg, Tribunal Militar Internacional para o Extremo Oriente (ou Tribunal de Crimes de Guerra de Tóquio), Ex-Iugoslávia e Ruanda.

Essa realidade levou à criação do Tribunal Penal Internacional ou Corte Criminal Internacional (TPI), por meio do Estatuto de Roma, que entrou em vigor em 2002. Em 1996, com forte atuação conjunta de organizações não governamentais promotoras da proteção humana, a Assembleia Geral das Nações Unidas iniciou os trabalhos para a criação do TPI, sediado em Roma, como instituição permanente e complementar às jurisdições penais nacionais. Assim, o TPI tem jurisdição sobre as pessoas responsáveis pelos crimes de maior gravidade com alcance internacional, desde que devidamente tipificados. Fruto de consenso ampliado, o Estatuto de Roma já foi ratificado por 123 países. Entre eles, 33 africanos, 28 latino-americanos e caribenhos e 25 da Europa Ocidental e outros países. Todavia, Estados Unidos, China, Rússia, Índia, Coreia do Norte, Paquistão e Israel, todas potências militares, nuclearizadas, algumas com alto padrão tecnológico, não o ratificaram.

Mais amplo do que o regime humanitário internacional – porém complementar a ele – é o regime de direitos humanos. Enquanto o primeiro visava inicialmente às situações de guerra e foi gradativamente ampliado para situações mais complexas, os direitos humanos englobam todos os indivíduos, independentemente da situação. Seu caráter é genuinamente *universal*. O regime de direitos humanos têm interseções com muitas outras áreas, tanto do Direito Internacional como das agendas globais. Logo, o sistema internacional de proteção da pessoa humana tornou-se um complexo de regimes indissociáveis. Assim, a leitura da Agenda 2030 à luz da proteção internacional da pessoa humana demonstra a centralidade da questão no sistema ONU.

As raízes do regime internacional de direitos humanos podem ser encontradas no Tratado da Liga das Nações (1919), que se ocupava majoritariamente da manutenção da paz entre nações. Entretanto, ele é pouco específico com relação aos direitos individuais e a situações de violência disseminada na sociedade, causando instabilidades e conflitos. É somente no artigo 23 que direitos individuais são mencionados de forma geral, com relação a direitos trabalhistas, direitos dos povos indígenas e tráfico humano. O conceito de "direitos humanos" entrou efetivamente no vocabulário do Direito Internacional nos anos 1940. Um marco central foi a Carta das Nações Unidas, que contém várias menções a este termo e obrigações relacionadas a ele. Aparece no preâmbulo da Carta das Nações Unidas e no artigo 1(3) como propósito fundamental da ONU; no artigo 13(1), como aspiração operacional; nos artigos 55 e 56, como obrigação coletiva e individual dos Estados; nos artigos 62 e 68, como objetivo do Conselho Econômico e Social; e no artigo 76, valendo também para territórios sob administração no chamado Trusteeship System.

A Declaração Universal dos Direitos Humanos de 1948 constitui outro marco de importância fundamental para o regime de direitos humanos. A Declaração especifica uma série de normas e obrigações dos Estados relativos aos direitos humanos, como respeito à vida (art. 3), liberdade (art. 4), integridade física (art. 5), e direitos legais (art. 7-12), movimento e asilo (art. 13 & 14), cidadania (art. 15), casamento (art. 16), propriedade (art. 17), religião (art. 18), liberdade de opinião e expressão (art. 19), associação livre (art. 20), participação política (art. 21), direitos econômicos e sociais (art. 22-25), e educacionais (art. 26) e culturais (art. 27). Os Estados se comprometeram a respeitar esses direitos de forma não discriminatória em relação a raça, cor, sexo, língua, religião, opinião política, origem nacional ou social, propriedade, nascimento e outro *status*. Os traumas da Primeira e Segunda Guerra Mundial, e sobretudo as consequências do sofrimento humano provocado pelo autoritarismo e políticas discriminatórias, contribuem para explicar a gênese e evolução do regime de direitos humanos, consolidado com a Carta da ONU de 1945 e a Declaração Universal de 1948. Podem também explicar desafios contemporâneos do regime de direitos humanos que serão tratados nas seções seguintes.

OS PACTOS DE PROTEÇÃO AOS DIREITOS HUMANOS DURANTE A GUERRA FRIA

A Carta das Nações Unidas e a Declaração Universal dos direitos humanos foram marcos iniciais de grande importância para o fortalecimento dessa pauta no plano internacional. Nas décadas posteriores, houve grandes avanços por meio da assinatura de pactos, convenções e declarações inclusive regionais, sobre diferentes aspectos dessa questão, que aconteciam tanto dentro do sistema da ONU como fora dele. Dessa forma, a expansão do regime de direitos humanos e a proliferação de normas relacionadas a eles podem ser vistas como um processo multidimensional e não linear, porque aconteceu tanto por meio de inserção em diferentes tratados regionais, como por meio da inserção da pauta de direitos humanos em diferentes áreas de governança. Exemplos de expansão geográfica do regime de direitos humanos são a Declaração de Bogotá (1948); a Convenção Europeia pelos Direitos Humanos (1950); a Convenção Americana de Direitos Humanos (1969); a Carta de Banjul (1981); A Declaração do Cairo dos Direitos Humanos no Islã (1990); A Carta Árabe de Direitos Humanos (2004); Declaração de Direitos Humanos da Asean (2009).

A expansão do regime de direitos humanos também ganhou uma importante dimensão temática. Isso aconteceu por meio de um processo de ampliação de direitos humanos para abranger novas ameaças à segurança humana, sobretudo ameaças relacionadas a conflitos intraestatais, relacionados a processos complexos com alto potencial de envolvimento de países vizinhos ou potências extrarregionais. Esse processo fez com que o escopo geral dos direitos humanos fosse estendido para assuntos variados, como discriminação racial (1963), direitos civis e políticos (1966), direitos econômicos e sociais (1966), direitos de mulheres e crianças (1979; 1989), tortura (1984), migração, desaparecimento forçado (2006) e pessoas com deficiência física (2006).

O desenvolvimento das normas de direitos humanos, vistas como percepções compartilhadas e regras implícitas que dizem respeito a essa pauta, ocorreu tanto na dimensão geográfica como na dimensão temática. Como a revisão de tratados e convenções demonstra, o processo de proliferação de normas de direitos humanos foi bastante fragmentado, mas não necessariamente descoordenado, e teve acelerações periódicas, como foi o caso do pós-Guerra Fria.

A UNIVERSALIZAÇÃO CONTESTADA E OS LIMITES DOS DIREITOS HUMANOS

A pauta dos direitos humanos tem se expandido significativamente desde a Segunda Guerra Mundial, porém de forma variável. Como vimos, isso aconteceu por meio de normas que ressaltaram seu caráter incontestável e inerente ao processo civilizatório, mas também por meio de institucionalização nas Organizações e no Direito Internacional. Não obstante, mesmo tendo sido aceitos de forma geral por todos os países – o que não significa que sejam de fato adotados –, os direitos humanos ainda têm levado a uma série de debates e controvérsias. A Carta da ONU e a Declaração de 1948 trouxeram três princípios basilares: inviolabilidade da pessoa, autonomia e dignidade. Enquanto o primeiro corresponde a direitos civis e políticos, conhecidos como de "primeira geração", o segundo remete a direitos sociais, culturais, econômicos e coletivos, que seriam de "segunda geração". E o princípio da dignidade corresponde aos direitos de "terceira geração", como o direito ao desenvolvimento. Mas essa divisão em gerações estanques obedece a uma simplificação extrema, que não é corroborada pelas evidências empíricas atuais.

Um debate central em relação aos direitos humanos trata da relação entre essa base principiológica dos direitos fundamentais e as disposições dos Estados, ou seja, se ela deve prevalecer sobre a soberania nacional. A Carta da ONU contém tanto provisões que garantem a soberania nacional e a não ingerência (artigo 2.7), como exceções permitindo, por exemplo, intervenção externa com apoio do Conselho de Segurança, para "restaurar a paz e segurança internacionais" (artigo 42). Garantir os direitos humanos tem sido interpretado mormente à luz do artigo 42, apesar de a autorização do uso de força por parte do Conselho de Segurança ter se mostrado muito rara. As vozes críticas sobre a ideia da universalidade dos princípios de direitos humanos salientam que isso leva à violação do princípio da soberania. Tendem também a destacar que a promoção dos direitos humanos é seletiva em relação a outros interesses nacionais e desrespeitosa das diferentes culturas (o que se cristalizou como excepcionalidade cultural). Isso relaciona-se à questão sobre o quanto a agenda de direitos humanos pode se tornar um pretexto para promover uma agenda velada, ou melhor; a politização dos direitos humanos. As operações armadas contra o regime de Saddam Hussein na década de 1990, sob alegações de violação de direitos humanos, são um caso paradigmático na análise das Relações Internacionais.

Aqui é importante fazer distinção entre a politização dos direitos humanos, que coopta a causa de uma maneira instrumental, e a política dos direitos humanos, que constitui ação política para obter objetivos baseados em princípios. Normas relacionadas à proteção internacional dos direitos humanos e normas de soberania nacional não são necessariamente conflitantes. Essas últimas interagem com as primeiras no Conselho de Segurança, e como o seu encontro em certos casos cria a possibilidade de intervenção militar baseadas na chamada

Responsabilidade de Proteger (R2P). Nesse sentido, é importante notar que a intervenção humanitária tem acontecido mais nos casos em que ela foi legitimada. A concepção da responsabilidade de proteger conduz à reformulação da soberania para fazer com que ela tenha um comprometimento mínimo com os direitos humanos. Portanto, desafia a contradição entre direitos humanos e soberania nacional. Assim, Estados soberanos são aqueles reconhecidos por seus pares e que assumem responsabilidades concernentes ao sistema internacional de proteção da pessoa humana, pautado dentro e fora do sistema ONU.

Debates sobre direitos humanos no mundo contemporâneo também tocam nos limites do conceito, deixando a questão sobre se eles de fato resultam em mecanismos efetivos para a proteção de pessoas vulneráveis. Críticos, portanto, ressaltam a grande lentidão na incorporação de grupos como mulheres, minorias, migrantes indocumentados ou a comunidade LGBTQIA+. Apesar de essas questões terem entrado na agenda ao longo das últimas décadas, ainda existem inúmeros desafios pela frente. Isso ficou evidente quando a primeira resolução para a proteção dos direitos dos homossexuais foi aprovada em 2011, com muita resistência no Conselho de Direitos Humanos, e passou com 23 votos contra 19. Outra questão se relaciona com a necessidade de atualizar o foco da agenda de Direitos Humanos para não somente se tratar de direitos negativos (o direito de não ser sujeito a infrações), mas também de direitos positivos, como direitos a materiais básicos.

A partir dos anos 1980-1990, o sistema interamericano de proteção internacional dos direitos humanos se voltou mais para a dimensão preventiva das violações, que trata de problemas endêmicos no tecido social, diretamente relacionados a grandes disparidades sociais e corrupção, ocasionado denegação ou violação de direitos humanos. Antes, esse sistema estava focado em regimes autoritários, mas a partir da redemocratização no continente surgiu o desafio de redirecionar o foco para violações ocorridas nas sociedades em via de transição democrática.

Por fim, desenvolvimentos tecnológicos e ambientais também colocaram novos desafios para o desenvolvimento do sistema de direitos humanos. A mudança global do clima constitui uma questão muito relevante em relação aos direitos humanos e provoca riscos complexos que ameaçam os direitos básicos, como no caso dos chamados "refugiados ambientais".

Outrossim, os crescentes compromissos multilaterais dos Estados para fazer frente ao desafio de mudança climática permitem alternativas como o denominado *litígio estratégico*, ou seja, uma ferramenta para compelir governos a adotar políticas públicas de combate à mudança global do clima. O Acordo de Paris, que está em vigor desde 2016, tem explícita intenção de manter aumento de temperatura global abaixo de 2 ºC relativos a níveis pré-industriais, e foi ratificado por 191 países. Ele é importante porque constitui uma obrigação concreta assumida pelos Estados signatários, estando diretamente ligado à responsabilidade do Estado de proteger, mesmo que o sistema ONU ainda não o reconheça dessa forma.

Um desafio fundamental e cada vez mais urgente também é a incorporação de direitos digitais na pauta de direitos humanos. Como o sistema de crédito social na China demonstra, a crescente vigilância em massa pode implicar consequências sérias para os direitos dos indivíduos, não somente em termos de privacidade, mas também no exercício dos seus direitos como cidadão. Outro desafio nesse sentido são os movimentos que ameaçam a neutralidade da internet, uma esfera que define a vida das pessoas e que pode servir para censurar e reprimir movimentos sociais/cívicos por parte de empresas e governos.

REFUGIADOS E DIREITOS DOS MIGRANTES

As origens de um regime internacional para refugiados podem se situar na criação do Alto-Comissariado para Refugiados da Liga das Nações (ACRLN). Esse regime foi liderado pelo alto-comissário Fridtjof Nansen e concedeu *status* de refugiado a grupos inteiros. O seu propósito era o de prover assistência legal e material para refugiados. Em 1950, o Alto-Comissariado das Nações Unidas para Refugiados

(ACNUR) foi estabelecido, inicialmente, com o intuito de proteger os refugiados europeus no pós-guerra. Durante a Guerra Fria, o instituto legal de refúgio foi tratado como um assunto técnico e relativamente despolitizado, apesar de haver grandes fluxos de refugiados no processo de descolonização. Isso foi expresso também na Conferência das Nações Unidas sobre População Mundial, convocada em Roma em 1954, que foi praticamente uma reunião técnica.

Um marco central no regime de proteção de refugiados após a Segunda Guerra Mundial foi a Convenção relativa ao Estatuto dos Refugiados, de 1951. Essa Convenção estipulou uma série de direitos para refugiados que até hoje estão em vigor. O artigo 1(2) da Convenção define refugiados como pessoas que sofrem de perseguição por causa de raça, nacionalidade, religião, ou por serem parte de um certo grupo social ou político. O artigo 16(2) da Convenção de 1951 enfatiza a importância de os refugiados terem o mesmo acesso às cortes como cidadãos nacionais, e os artigos 17 e 24 salientam a importância de os refugiados terem direitos de acesso ao mercado de trabalho. Esses artigos definem um grau essencial de tratamento igual aos cidadãos nacionais do país receptor, o que possibilita aos refugiados as condições mínimas de dignidade. Nessa mesma linha, o artigo 22 da Convenção estipula os direitos para acesso à educação. Um aspecto central no regime de refugiados é o direito de *não refoulement*, do artigo 33 da Convenção de 1951, que proíbe um país de enviar pessoas demandantes do estatuto de refugiado de volta para onde estariam em perigo de perseguição. Em 1951, foi criada a Organização Internacional para as Migrações (OIM) sob a égide da ONU, que atualmente tem 173 Estados-membros. Contudo, a OIM experimentou fortes limites à luz das crises recentes de fluxos migratórios gravíssimos no interior do continente africano, sul-americano e asiático, como também entre eles e os países desenvolvidos.

Com os deslocamentos de populações durante o período de descolonização e das guerras da época, houve um aumento significativo no número de migrantes durante as décadas recentes, principalmente de trabalhadores. Esse novo fato criou necessidade de expandir e atualizar a Convenção, o que ocorreu em 1967. No período entre 1975-2016, o número de migrantes passou de 77 milhões para 120 milhões em 1999, e depois para estimados 244 milhões em 2020.

De acordo com o ACNUR, os dados específicos para deslocados internos e demandantes de refúgio são contados em muitos milhões de pessoas. Os dados oficiais de 2021 revelam que 47,5 milhões de pessoas são deslocados internos, dos quais cerca de 40% são crianças. Há mais de 4 milhões de pessoas apátridas e mais de 5,6 milhões que tiveram que retornar aos seus países de origem. O ACNUR reconhece cerca 26 milhões de refugiados sob seu mandato, sendo 5,6 milhões deles palestinos sob mandato da Agência das Nações Unidas de Assistência aos Refugiados da Palestina (UNRWA, na sigla em inglês), com sede em Amã. Além disso, 65% dos demandantes do estatuto de refugiado são oriundos de apenas cinco países: Síria, Venezuela, Afeganistão, Sudão do Sul e Mianmar. No caso da Venezuela, há 3,6 milhões de pessoas que solicitaram asilo no exterior nos últimos anos. Os países que mais acolheram esses fluxos recentes são: Turquia, Colômbia, Uganda, Paquistão e Alemanha, ou seja, cerca de 85% dos migrantes forçados ficam nos países em desenvolvimento. No futuro, o ACNUR tem a ambição de implementar a Data Information Strategy, que permitirá melhor gestão de crises e segurança humana. Entretanto, há situações gravíssimas com populações menores, como é o caso da minoria Rohingya, atualmente em Bangladesh, de acordo com a Organização Internacional para as Migrações.

Nas últimas décadas surgiram novos e complexos padrões globais de migrações e refugiados, principalmente Sul-Sul. Frequentemente, demandantes do estatuto de refúgio, devido ao princípio de *non refoulement*, não podem ser expulsos, mas, em contrapartida, não são regularizados, o que significa que ficam à margem do mercado de trabalho e excluídos do acesso a serviços públicos. Por isso, há muitos países que não cumprem com as provisões da Convenção de 1951 e nem com os princípios basilares do sistema internacional de proteção da pessoa humana.

Durante a Guerra Fria, a questão da migração e refúgio havia sido tratada de forma técnica por países desenvolvidos, mas depois, ao contrário, foi altamente politizada, e o tema passou do tratamento de migrantes e refugiados (normalmente no quadro de guerras) para o de migrações forçadas e migrações por razões econômicas. Como o problema de migração e refúgio tornou-se cada vez mais evidente e urgente, a RES/48/113 convocou uma conferência para tratar de questões de refugiados, retornados e migrantes. Aconteceu, então, a Conferência do Cairo sobre População e Desenvolvimento de 1994, que tratou da migração e de questões relacionadas a populações retornadas, mas houve muita discordância entre países receptores e países de migração. Hoje em dia existem diversos problemas relacionados à não observância da letra da lei, para evitar obrigações indesejadas por parte de países receptores de migrantes. A Austrália, por exemplo, definiu certas ilhas como estando fora do seu território nacional para assim poder conter o fluxo migratório de países vizinhos por transporte marítimo. A União Europeia, no auge da crise migratória em razão da Guerra Civil Síria, protagonizou várias crises políticas entre os seus membros.

Na última década, a governança global da migração tem se fragmentado. Em alguns casos, isso foi positivo, porque permitiu a criação de coalizões de voluntários; mas, por outro lado, tem permitido *forum shopping*, que acontece quando os Estados escolhem a legislação que mais lhes convém. Desde os anos 1980, houve um processo de formação dos Regional Consultative Processes (RCPs), uma modalidade informal de os Estados compartilharem experiências e melhores práticas em âmbito regional. Os RCPs abordam a questão de migrações e refúgio a partir de uma perspectiva transversal, que engloba migração e saúde, migração e desenvolvimento, direitos trabalhistas de migrantes e tráfico humano e migração.

Outrossim, a criação da Global Forum for and Migration and Development (GFMD) forneceu um arcabouço institucional para Estados nacionais tratarem de migração fora do sistema da ONU; e em 2006, a Global Migration Group (GMG) foi criada, compreendendo

21 agências da ONU. A relação complicada entre GFMD e GMG levou a um processo de fragmentação da governança global em matéria de migração. A OIT também tem sido importante em termos de estabelecer normas para a proteção de migrantes e refugiados no mercado de trabalho. Em 2017, estimavam-se 164 milhões de trabalhadores migrantes no mundo. Migração também faz parte da Agenda 2030, em pautas como urbanização, proteção social, educação, saúde, mudança climática, gênero e combate à fome e à pobreza.

É interessante analisar como a relativa fragmentação do regime de migrações e refúgio de fato corresponde a um "complexo de regimes" internacionais. Como mencionado, um complexo de regimes é constituído pela aglomeração de regras, tratados, declarações e convenções de diferentes áreas temáticas. Autores que tratam de complexos de regimes frequentemente ressaltam que eles não são necessariamente ineficientes, apesar de não conterem um alto grau de consistência e densidade interna. Eles podem gerar muita flexibilidade e permitir experimentação funcional.

A multiplicidade de instituições pode significar mais oportunidades para que haja envolvimento de outros atores no processo político e assim aumentar a probabilidade de que soluções sejam de fato efetivas. O regime de refugiados e migrações contém um núcleo que consiste do ACNUR, da Convenção de Refugiados de 1951 e de diferentes convenções regionais. Além disso, engloba vários aspectos de outros regimes, que criam um espaço de governança para assuntos mais específicos, como direitos humanos e o regime humanitário. Em alguns casos, a melhor maneira de enfrentar desafios multidimensionais é coordenar tarefas entre diversos atores num complexo de regimes. Especialmente onde não há consenso político, regular uma temática por meio de um complexo de regimes pode permitir avanços políticos apesar de algumas resistências. Por exemplo, na sobreposição do regime de trabalho com o regime de migrações e refúgio há um espaço de governança relativo ao acesso ao mercado de trabalho para refugiados. O mesmo acontece, por exemplo, com a sobreposição entre o regime de desenvolvimento – com relação à inclusão social de refugiados – ou com o regime humanitário internacional, relacionado à proteção de pessoas internamente deslocadas.

Um espaço particularmente interessante de sobreposição de regimes é aquele entre o regime de direitos humanos e migrações e refúgio. A necessidade da proteção de direitos humanos de refugiados já foi mencionada no preâmbulo da Convenção de 1951. Ainda assim, uma efetiva inserção dessa pauta na governança de refugiados e migrantes não tem sido satisfatória. Não obstante, a partir dos anos 1980 o sistema internacional de direitos humanos ganhou fôlego, notadamente no pós-Guerra Fria. Um instrumento importante para proteger os direitos de migrantes e refugiados foi o Protocolo contra o Tráfico de Migrantes de 2000, que no seu artigo 2 salienta que qualquer medida para limitar a entrada de migrantes deve acontecer à luz dos direitos humanos. Tráfico humano é muito fortemente associado a escravidão, trabalho análogo à escravidão e exploração sexual. Outro exemplo dos esforços globais para unir as pautas de direitos humanos e migração e refúgio é a RES 58/208 da Assembleia Geral da ONU, que convocou o Diálogo de Alto Nível sobre Migrações Internacionais e Desenvolvimento, em 2006.

Todavia, a crise de refugiados a partir de 2015 fez com que a temática de migração ganhasse um destaque inédito. A questão chegou na primeira ordem da agenda política de vários países Europeus, e expôs as falhas nos arranjos governamentais desses países, como a Declaração de Nova York sobre Migrações e Refúgio de 2016, que salientou a vontade das nações em confrontar os desafios de migração em conjunto. Mesmo com iniciativas assim, as pressões geradas pela migração rumo à Europa levaram a um dilema que incentiva a escolher entre a garantia dos direitos humanos de migrantes e refugiados ou a manutenção do controle sobre o processo migratório. Ainda assistimos ao uso de forças armadas ou da polícia para o resgate de migrantes em barcos no Mediterrâneo, bem como no controle de aeroportos e fronteiras no espaço Schengen.

A interconexão entre migrações e refúgio está cada vez mais clara, o que gera uma reavaliação profunda do arcabouço institucional que deve ser usado. A Convenção de Refugiados de 1951 expõe o direito de asilo, mas não fala de provisões para repartição de custos. Isso cria tensões entre aqueles países obrigados a receber refugiados por causa da proximidade geográfica e os que não são. Além disso, a Convenção não leva em conta as capacidades estatais para isso. A grande maioria dos refugiados no mundo estão em países em desenvolvimento, com capacidade muito limitada para garantir a vida e os direitos básicos dessas pessoas. Mesmo com financiamento de países europeus, a situação exige soluções mais duradouras. Um novo fator que eleva o nível de complexidade são os chamados movimentos secundários, que significa que refugiados transitam por vários países antes de solicitar refúgio, gerando dúvidas sobre se devem ser considerados refugiados ou migrantes. Por outro lado, as condições de vida em grandes países receptores também podem ser muito deploráveis e marcadas por vulnerabilidades. Refugiados têm direito de proteção no Direito Internacional, porém, migrantes não têm direito de entrada em outros países, e podem permanecer sem documentos por meses ou até anos.

As crises globais são multidimensionais, ou seja, englobam aspectos de microconflitos, mas também problemas ecológicos, políticos e sociais. Isso tem criado a nova categoria mencionada no parágrafo anterior, a de migrantes de "sobrevivência" ou, como são tratados na literatura, "refugiados ambientais ou climáticos". São refugiados por causa da fome e das condições de calamidade, como a desertificação, mas ocupam uma área incerta entre o *status* de refugiado e migrante. Ao mesmo tempo, não há espaço político favorável à ampliação do estatuto do refugiado para englobar a realidade contemporânea. De acordo com os Relatórios sobre Riscos Globais do Fórum Econômico Social, é muito provável que em pouco tempo os fluxos de refugiados provocados pelas mudanças climáticas superem significativamente os fluxos de refugiados por conflitos armados. Estimativas da ONU, por exemplo, indicam que em 2050, os refugiados climáticos permanentes podem chegar a 250 milhões de pessoas. Como não são deslocados por causa de conflitos armados, dificilmente terão *status* de refugiado, mas não deixarão de ter necessidade de acolhimento e assistência.

AS CORTES INTERNACIONAIS E REGIONAIS

Como visto ao longo do capítulo, o Direito Internacional Público é um dos principais pilares da institucionalização das Relações Internacionais. Passou do que se chamava de "direito de coexistência pacífica", baseado na Carta da ONU, ao reconhecer o princípio da soberania, o *status quo* em 1945 e a legalidade do uso da força, com certos limites, para o que se convencionou chamar de "direito de cooperação". Logo, a criação de cortes internacionais, como a Corte Internacional de Justiça (CIJ) e do Tribunal Penal Internacional (TPI), bem como de cortes regionais, correspondem a um longo processo de expansão do Direito Internacional Público para temas antes considerados como "questões domésticas".

Nesse sentido, os direitos humanos, com amplo escopo, foi uma das principais matérias internacionalizadas nas últimas décadas. Temas como proteção internacional da pessoa humana, refúgio, trabalho, fluxos migratórios, direitos individuais e coletivos, refugiados ambientais, entre outros, desafiaram a capacidade dos juízes e demais operadores do direito de se adaptarem a uma verdadeira agenda complexa e global. Um exemplo emblemático, como já mencionado, foi a *fatwa* de 1989 lançada contra Salman Rushdie, por causa do livro *Versos satânicos*. O caso foi levado ao Conselho de Direitos Humanos da ONU, com o debate sobre os direitos individuais (e a liberdade de expressão) em oposição ao dever de respeito ao coletivo (no caso o islã e a comunidade muçulmana).

A CIJ foi a herdeira da Corte Permanente de Justiça Internacional (CPJI), ou Tribunal Mundial, criada em 1921 no âmbito da Liga, com sede na cidade da Haia, no Palácio da Paz. Embora a Corte Permanente tenha tido um papel simbólico importante, por ter sido a primeira tentativa de reconhecimento de uma jurisdição internacional para todos, seu funcionamento foi extremamente limitado e difícil, com menos de 30 casos julgados e menos de 30 pareceres. Com o fim da Segunda Guerra, a CIJ retomou o projeto de colocar o Direito Internacional no centro das relações entre Estados soberanos, contando com 15 juízes eleitos por 9 anos. Contudo, perto de completar 75 anos, a CIJ julgou menos de 200 casos, o que corresponde a uma atividade muito limitada em comparação com o Órgão de Solução de Controvérsias da OMC e mecanismos de arbitragem privados, por exemplo. Certamente, a CIJ enfrenta desafios enormes, como no caso atual de acusação da Gâmbia contra Mianmar de possível violação da Convenção para a Prevenção e Repressão do Crime de Genocídio, relativa à minoria muçulmana rohingyas.

No escopo regional, as cortes constituem o braço judicial das organizações. Assim, a Corte Interamericana de Direitos Humanos, com sede em San José, na Costa Rica, foi criada no âmbito do sistema interamericano. A Corte Europeia de Direitos Humanos é parte do processo de construção europeia, atualmente com 27 membros, após o Brexit. A Corte Africana de Direitos Humanos e dos Povos (ou Tribunal Africano dos Direitos do Homem e dos Povos) é ligada à União Africana. Apesar de serem cortes com jurisdição regional, há um processo tradicional de comunicação entre os operadores de direito, com o uso das mesmas fontes para casos análogos, por exemplo.

A internacionalização do direito não é um fenômeno recente, mas foi acelerada com a intensificação da cooperação entre magistrados. Isso significa que as cortes podem adotar decisões muito próximas, caso prevaleça o entendimento da sua pertinência. Outras cortes existem, mas seu funcionamento tem sido muito aquém do esperado na época de suas respectivas criações: a Corte de Justiça das Comunidades Europeias, a Corte de Justiça do Caribe, a Corte Econômica da Comunidade dos Estados Independentes, a Corte de Justiça do Espaço de Livre-Comércio da Europa e a Corte de Justiça da Comunidade Andina são alguns exemplos relevantes.

A JUSTIÇA GLOBAL COMO UM IDEAL

Partir da premissa do fortalecimento do Direito Internacional Público por meio do fortalecimento das cortes internacionais e regionais implica ver o processo de governança global como a possibilidade de resolução pacífica de diferendos, sem o uso da força, governar sem um governo global (haja vista a anarquia do sistema internacional) e construir mecanismos decisórios legítimos sem uma democracia universal.

Entretanto, o fortalecimento do Direito Internacional como instrumento regulador das Relações Internacionais não é um processo linear nem acumulativo. Houve altos e baixos em razão do contexto político, principalmente regional. Atualmente, apesar da existência das cortes internacionais, tanto da CIJ como do TPI, e das regionais, não há mais a expectativa de que desempenhem papel central na organização dos sistemas internacional e regionais. Em consequência, o princípio da universalidade do Direito Internacional no que concerne aos direitos humanos, por exemplo, permanece, mas não engendrou as mudanças comportamentais necessárias para garantir maior proteção às pessoas em escala planetária. Ao contrário, a formalidade das cortes, seus custos e a dificuldade de se construir um sistema coerente, entre outros desafios, tornaram o espaço do Direito Internacional e o papel das cortes, bastante limitados. Permanece, portanto, o desafio de compromisso e observância das normas internacionais – *commitment and compliance*.

Por fim, o ideal de justiça global continua como uma prioridade na narrativa das Organizações Internacionais, porém desprovido de uma definição clara e legítima. Atualmente, justiça global é vista muito mais como algo inerente a mecanismos diversos de promoção de igualdade, estabilidade e paz, em sentido amplo, do que como resultado de um arcabouço normativo robusto. Uma das razões para explicar a baixa efetividade das organizações e instituições mencionadas é o fato que chefes de Estado assumem compromissos multilaterais, assinam tratados e adotam declarações, porém seus respectivos governos não implementam as políticas necessárias na esfera nacional. Em outros termos, como o custo político de não aceitar um compromisso é muito alto, a maioria assina, mesmo que não tenha vontade política doméstica para a sua efetiva internalização. Terminam como "caronas" (*free riders*), ou seja, países que se beneficiam do esforço dos outros, sem contribuir para a efetividade do regime criado.

Meio ambiente e saúde global

A aceleração da industrialização ao longo do século XX aumentou a percepção de que o ser humano estava causando impactos profundos no planeta. Essa noção levou a um processo de internacionalização das questões ambientais, o que por sua vez fortaleceu as Organizações Internacionais, para finalmente definir uma agenda de governança ambiental global.

Neste capítulo, trataremos da criação do arcabouço institucional ambiental. Veremos a sua evolução, desde a Conferência de Estocolmo em 1972, com foco na questão ambiental, passando pela Cúpula do Rio em 1992, que consagrou o princípio do desenvolvimento sustentável, e pelo Acordo de Paris, de 2015, que constituiu um marco na governança climática global. Por fim, abordaremos outras questões dessa agenda, como biodiversidade, florestas, oceanos e a interconexão entre meio ambiente e saúde global, que a pandemia de covid-19 deixou evidente. Neste capítulo, o conceito de Antropoceno, referindo-se às atividades antrópicas sobre as dinâmicas planetárias, é central para a apreensão dos novos desafios e grandes tendências.

A PAUTA AMBIENTAL E O REGIME DE MUDANÇA GLOBAL DO CLIMA

Em épocas pré-industriais, ou até durante boa parte da Revolução Industrial, a natureza foi vista como uma ameaça à vida do ser humano ou como um obstáculo a ser superado. A vegetação nativa foi "suprimida" e "novas áreas abertas" pelo crescimento exponencial das atividades humanas, que buscavam prover alimentos, minerais, infraestrutura ou espaço de habitação e de atividades industriais. Não obstante, à medida que o impacto do ser humano na natureza tornou-se imenso, as percepções começaram gradativamente a mudar.

Os problemas gerados pela poluição do mar, do ar, dos rios e pela degradação da biodiversidade não terminariam na fronteira nacional, naturalmente. As consequências da expansão das atividades extrativistas e industriais deixaram claro que os desafios ambientais somente seriam resolvidos a partir de um esforço internacional coordenado. Se no início do século XX se pensava principalmente nas fronteiras, na década de 1970 já havia uma preocupação consolidada com o futuro dos recursos naturais, sobretudo para atender à crescente demanda da população mundial.

A Declaração do Estocolmo de 1972, tratada no capítulo sobre o desenvolvimento internacional, constitui um marco no direito ambiental internacional. Ela não tem caráter vinculante, mas estabelece princípios centrais da governança ambiental e insere o meio ambiente como objeto de tutela do Direito Internacional. Um dos aspectos importantes da Declaração é o reconhecimento da interdependência entre o ser humano e a natureza. No seu primeiro princípio, salienta-se que o ser humano tem direito a um meio ambiente de qualidade, que permita uma vida digna, tendo, no entanto, a responsabilidade de proteger e melhorar esse ambiente para gerações presentes e futuras. Assim, em vez de enxergar os dois pontos como antagônicos ou separados, o próprio bem-estar do ser humano é vinculado à conservação ambiental. No princípio 4, é ressaltado que o ser humano tem o dever de proteger a vida silvestre e o seu habitat. Nesse sentido, a conservação da natureza ganha importância inclusive no planejamento econômico. O princípio 9 reconhece a relativa dificuldade em proteger o meio ambiente por parte de países em desenvolvimento. Salienta também a importância da transferência de assistência financeira e tecnológica, para ajudar o mundo em desenvolvimento. Os princípios 22 e 24 enfatizam a necessidade de os Estados cooperarem para desenvolver o Direito Internacional com relação à compensação pelas vítimas de poluição, e a necessidade de tratar de assuntos ambientais num espírito cooperativo e de igualdade entre todos os países.

Outro marco de importância fundamental para a proteção ambiental global foi a Declaração do Rio de 1992, já tratada no capítulo sobre desenvolvimento internacional. Ela contém pontos importantes para a governança da sustentabilidade. Um exemplo é o princípio 7, que salienta que os Estados devem ter responsabilidades comuns, porém, diferenciadas em relação à proteção ambiental internacional, sobretudo levando em conta o seu nível de desenvolvimento e a pressão que cada um deles exerceu sobre o meio ambiente. No seu princípio 15, a Declaração de 1992 salienta também a importância do princípio de precaução, o que basicamente implica que a ausência de certeza científica não deve impedir que abordagens cautelosas sejam adotadas pelas autoridades nacionais. O princípio 16 consagra a noção do poluidor-pagador, que significa que as externalidades ambientais devem ser internalizadas pelos agentes econômicos que as causaram, e não pela coletividade.

Em suma, essas duas declarações fortaleceram a consolidação do conceito de desenvolvimento sustentável. Na Cúpula do Rio, de 1992, também foi adotada a Agenda 21, que é composta por uma série de medidas para promover o desenvolvimento sustentável, tanto como uma estimativa da sua viabilidade econômica. Uma dessas medidas de alta importância foi o ponto 9 da seção 2, que trata da proteção da atmosfera, sublinhando a responsabilidade dos governos de combater as emissões de gases de efeito estufa e a necessidade de conservar as áreas que servem de sumidouro de CO_2.

No mesmo evento do Rio, a Convenção-Quadro das Nações Unidas para Mudança do Clima (CQNUMC ou UNFCCC, a sigla em inglês) foi adotada. O seu objetivo era estabelecer as bases para a construção de um sistema efetivo na prevenção da mudança global do clima. A CQNUMC constituiu um arcabouço jurídico vinculante, porém não contém nenhum mecanismo de fiscalização que obrigaria os seus signatários a cumprir metas específicas. Umas das suas metas mais importantes era registrar o nível de emissões de gases de efeito estufa dos países individuais, para poder estabelecer seus respectivos patamares em 1990, que seria o ano de referência de emissões posteriormente. O artigo 3(1) da Convenção enfatizou o princípio de responsabilidades comuns, porém diferenciadas (RCPD), devido à necessidade de os países desenvolvidos assumirem a liderança em termos de diminuir as emissões de gases de efeito de estufa e financiar processos de mitigação e adaptação nos países mais vulneráveis. O artigo 4(7) enfatiza também a necessidade da transferência de recursos financeiros e tecnológicos novos e adicionais.

A criação do arcabouço da CQNUMC forneceu uma base para a assinatura do Protocolo de Quioto em 1997, outro marco fundamental nos esforços de estabelecer objetivos e obrigações mais específicas para o combate às mudanças climáticas. O Protocolo de Quioto teve o primeiro período de compromisso de 2008 a 2012 e foi dividido em países que são partes do Anexo 1 e não partes do Anexo 1: as partes são classificadas em países que concordaram em reduzir suas emissões de GEE comparadas com 1990 (a maioria dos países europeus, Canadá e Japão) e países que se comprometeram a estabelecer suas emissões nos níveis de 1990, como a Rússia e a França. Os países não partes do Anexo 1 não se comprometeram a mitigar emissões no primeiro período do protocolo. Apesar de conter mecanismos de fiscalização, eles se revelaram extremamente frágeis. Países que extrapolassem os limites de emissões teriam de compensar no segundo período, com um adicional de 30%. O Protocolo de Quioto também criou três mecanismos flexíveis (*flex mechs,* em inglês) que permitiriam a países mais desenvolvidos compensarem as reduções de emissões conjuntamente ou negociando com países em desenvolvimento.

O Protocolo de Quioto enfrentou grandes problemas, sobretudo por causa da não ratificação por parte dos EUA – que alegaram que não queriam assumir compromissos quando países em desenvolvimento não tinham assumido – e de Rússia, Japão e Canadá, que não queriam assumir compromissos adicionais em 2011. O Canadá até anunciou a sua retirada do Protocolo de Quioto no mesmo ano. Os fracassos do Protocolo de Quioto também foram atribuídos à existência de um sistema fortemente baseado em mecanismos de comando e controle (de cima para baixo, ou *top-down*) para atingir as suas metas, o que desagradou bastante o setor privado. Outrossim, a negociação sobre mitigação de GEE no setor da aviação civil foi delegada para a Oaci, enquanto a do transporte marítimo foi delegada para a OMI.

Outros problemas relacionados ao que pode ser caracterizado como a "geopolítica do clima" marcaram também a 15ª Conferência das Partes (COP15) em Copenhague, em 2009, devido à robustez econômica dos chamados países emergentes, notadamente China, Índia e Brasil. A COP tinha como objetivo estabelecer metas obrigatórias de redução de emissões depois de 2015, resgatando o período de compromisso lançado em Quioto. Em termos formais do sistema da ONU, ela decepcionou a comunidade internacional por não gerar um acordo negociado e adotado por todos (*agreement*, em inglês). Em termos práticos, engendrou um acordo político (*accord*, em inglês), costurado entre Washington e Pequim, com o apoio de apenas 28 países convidados.

A crise diplomática da COP15, somada às manifestações cada vez mais claras dos efeitos da mudança climática, gerou uma enorme pressão política global para a ação climática. Esses esforços culminaram com a assinatura do Acordo de Paris em 2015, novamente sob a égide da ONU. Em outros termos, a ONU retomou o seu lugar de arena multilateral nas negociações. O objetivo geral do acordo foi manter o crescimento da temperatura média global substancialmente abaixo de 2 ºC em relação ao nível pré-industrial. As obrigações dos países individuais são tratadas no artigo 3 como contribuições determinadas nacionalmente (NDCs). Esse artigo determina que as obrigações sejam "ambiciosas", que "representam uma progressão ao longo do tempo" e que estejam alinhadas com os objetivos do Acordo. Nesse sentido, o Acordo de Paris é baseado em mecanismos de baixo para cima (*bottom-up*), podendo ser mais permissível para pressões de entidades subnacionais, cidades e até atores privados, que poderiam ser mobilizados para influenciar as políticas nacionais.

O Acordo de Paris também foi estruturado a partir do "princípio da progressão", ou seja, cada novo objetivo adotado pelos países individuais deve superar objetivos anteriores em termos de ambição de redução. Os parágrafos 6.2 e 6.3 fazem referência ao International Transfer of Mitigation Outcomes, que é um sistema para transferir reduções de um país para outro, para cumprir com os seus objetivos de NDC. Esse mecanismo é outro modelo de *carbon trading* e permite que recursos financeiros sejam direcionados para lugares onde são mais eficientes em produzir reduções. Ainda assim, também tem havido muito ceticismo com relação ao risco de "contagem dupla", quando as mesmas reduções são contadas em dois países diferentes, ou em relação a outras questões complexas que dizem respeito à integridade do sistema de reduções de GEE através de comércio de créditos de carbono. Além disso, as contribuições (NDCs) não são passíveis de fiscalização no Direito Internacional. O Acordo, portanto, opera a partir de mecanismos de controle social na comunidade internacional e com normas que os países buscam respeitar para não perderem a sua credibilidade nas arenas multilaterais. Sucintamente, o Acordo de Paris é obrigatório, mas também é desprovido de mecanismos claros de controle, verificação e, principalmente, de sanção. No passado recente, houve avanço no sentido de implementação de mecanismos de monitoramento, relatório e verificação (MRV), para a identificação de fontes de GEE e tendências, mas sobretudo para a construção de confiança e o desenho de estratégias de mitigação. Logo, esse mecanismo permanece como um dos grandes desafios.

Não está claro se o sistema de acordos e declarações desenvolvido para confrontar o problema da mudança climática constitui um arcabouço legal que é suficientemente consistente e denso para poder ser considerado como um regime internacional. Nesse sentido, a falta de convergência diplomática sobre as normas de ação climática levanta a questão sobre se de fato existe um regime efetivo de mudança climática. Keohane e Victor (2010) salientam que, na verdade, não há um regime para gerir as mudanças climáticas, porém, um complexo de regimes, sem hierarquia e vinculação forte. Os autores argumentam que o complexo de regimes pode constituir a melhor opção alcançável para governar a área, quando a possibilidade de um regime coerente e forte não é realista. Além disso, ressaltam como complexos de regimes podem ser mais flexíveis e adaptáveis do que regimes integrados. Isso acontece justamente porque os regimes devem ser julgados pelos resultados que são capazes de produzir. Em um mundo ideal, os arranjos de governança incentivam uma "corrida para o teto" na qual ambições de alguns países são imitadas por outros, e assim criam sinergias positivas.

O sistema de comercialização de cotas de CO_2 poderia constituir um exemplo de como um sistema flexível permitiria diferentes inovações e modelos de governança. Assim, a CQNUMC funcionaria como um acordo-quadro para capacitar diferentes modelos de governança do clima, que então poderiam se tornar um regime mais coerente e integrado. Inserir essa questão na pauta de direitos humanos, migração e desenvolvimento econômico também é uma tarefa de alta importância.

Por fim, é importante salientar uma série de problemas relacionados à governança do clima a partir da perspectiva do Antropoceno. Um desses problemas se relaciona ao déficit de governança, tanto em termos de instituições como em relação a mecanismos de fiscalização e implementação efetiva. Nesse sentido, apesar de a demanda de governança na área da sustentabilidade ter crescido muito nos últimos anos, as capacidades somente têm aumentado de forma marginal. Os mecanismos de governança requerem grandes reformulações no que se refere à sustentabilidade, de seus princípios, instituições e regras. A ênfase soberanista-vestfaliana dos Estados é fundamentalmente inconsistente com os desafios de governança no Antropoceno, e seria mais eficaz se os Estados abandonassem as políticas de curto prazo e a valorização exagerada da soberania para cuidar dos riscos globais.

O ANTROPOCENO, OS LIMITES PLANETÁRIOS

Em 2021, o Programa das Nações Unidas para o Meio Ambiente (PNUMA ou UN Environment, em inglês) lançou o relatório "Fazer as Pazes com a Natureza". Nele, como em diversos relatórios de diferentes Organizações Internacionais, são reconhecidos os padrões insustentáveis de produção, consumo e concentração de riquezas. A consequência, inquestionável, é a degradação ambiental e o deterioramento da saúde em escala planetária. Além do reconhecimento das sindemias e dos riscos de que a temperatura possa chegar a aumentar 3.5 ºC até o final do século, o Relatório estima que cerca de 9 milhões de pessoas morrem a cada ano por causa da poluição, e que existe 1,3 bilhão de pessoas vivendo em situação de pobreza. Estima também que 400 milhões de toneladas de produtos químicos e metais são lançados na água anualmente, causando cerca de 400 zonas mortas no oceano. Pelo relatório, fica claro que saúde ambiental e vitalidade ecossistêmica são conceitos novos e imprescindíveis para se medir sucesso econômico e qualidade de vida na Terra. Entretanto, meio ambiente e saúde não foram inicialmente tratados de forma conjunta pelas organizações internacionais. Tampouco têm sido tratados como prioridade no século XXI, o século dos riscos globais e existenciais.

Considerando essa ampla gama de impactos ecológicos e geológicos do ser humano na Terra, Paul Crutzen & Eugene Stoermer (2000) propuseram o termo Antropoceno para a presente época geológica. O Antropoceno pode ser traduzido como "a era do ser humano", como destacado no capítulo inicial deste livro. Em maio de 2019, o *"Anthropocene Working Group"* fez uma proposta à Comissão Internacional de Estratigrafia para formalmente definir a nossa época como o Antropoceno. Os autores datam o final do século XVIII como o começo dessa época, porque concentrações atmosféricas de CO_2 (dióxido de carbono) e CH_4 (metano) foram detectadas em camadas de gelo a partir desse momento.

O Antropoceno é, em muitas maneiras diferentes, único comparado com épocas anteriores, porém, há semelhanças com a época do Eoceno, há 55 milhões de anos, devido às emissões de CO_2 e acidificação do oceano, mas que agora são muito mais velozes. Johan Rockström et al. (2009) argumentam que o período de estabilidade do Holoceno foi rompido com a Revolução Industrial, inaugurando o Antropoceno, que gerou consequências desastrosas para a parte menos desenvolvida do mundo.

O incremento rápido no uso de combustíveis fósseis e a mudança no padrão de uso da terra têm levado a consequências irreversíveis e a ameaças ao desenvolvimento humano. Rockström et al. (2009) estabeleceram uma série de fronteiras planetárias, três das quais salientam já terem sido ultrapassadas pela atividade humana: mudança climática, o ciclo de nitrogênio e a perda de biodiversidade. Quando uma fronteira planetária é cruzada, outras correm risco de serem atingidas. Evitar cruzar as fronteiras planetárias, portanto, torna-se tarefa imprescindível para garantir desenvolvimento social e econômico de longo prazo, no que se conveniou chamar de "espaço seguro de operação".

O Antropoceno tem criado relações de interdependência planetária, tanto entre Estados, quanto entre diferentes sociedades humanas em diferentes níveis globais, mas tem também estabelecido novas relações de vinculação entre as gerações. Decorrente dessas relações, surge também um novo paradigma para governança global, o chamado paradigma de "governança do sistema Terra". Uma das grandes questões relacionadas ao Antropoceno na área de Relações Internacionais trata de como se organizar coletivamente no mundo para evitar as consequências negativas já comprovadas cientificamente: quem precisa fazer o quê, como tem que ser feito, quais as instituições necessárias e como fiscalizar.

Na última metade do século XX, houve uma *grande aceleração*, que implicou um aumento drástico de emissões de gases de efeito estufa. Até as últimas décadas, a grande aceleração tinha sido propulsionada por uma pequena fração da população humana, aquela nos países desenvolvidos. Mas, a partir dos anos 1990, houve também uma participação maior de países em desenvolvimento, como a China e a Índia. Ainda assim, a maior parte do PIB global e do consumo está nos países da OCDE, o que chama atenção para questões distributivas e para o princípio de responsabilidades comuns, porém diferenciadas.

Transferência tecnológica de países desenvolvidos para países em desenvolvimento também resulta em um imperativo para que os últimos possam se aproveitar do processo de "*leapfrogging*", que acontece quando alguns países "pulam" certas fases tecnológicas. Um exemplo disso é o fato de que a rede de telecomunicação em muitos países em desenvolvimento foi construída já diretamente para celulares, não tendo passado pela etapa da telefonia fixa. Se houvesse efetiva transferência tecnológica, a expansão da matriz energética em países em desenvolvimento também poderia chegar a ser baseada em energia renovável. Porém, isso levaria a uma abordagem diferente de governança e o compartilhamento de custos.

Os desafios apresentados pelo Antropoceno também colocam questões sobre como a própria noção de direito deve ser vista e, possivelmente, reinterpretada. Kotzé e Kim (2019) ressaltam que há uma necessidade de progredir do que chamam de "direito ambiental internacional" para "direito do sistema Terra". Para explicitar o que eles querem dizer, os autores apresentam um arcabouço com dois eixos que incluem 1) o objeto de regulação do direito e 2) o escopo geográfico ou jurisdicional do direito, conforme tabela a seguir:

Tabela 3 – Apresentação da reinterpretação do direito à luz dos desafios do Antropoceno

	Direito ambiental	Direito ecológico	Direito "da Terra"
Direito Internacional	Regulação antropocêntrica (foco no ser humano) de ameaças transfronteiriças baseada em soberania estatal	Proteção ambiental da natureza num sistema estadocêntrico	Respeito pela comunidade de vida num sistema estadocêntrico
Direito Transnacional	Proteção ambiental antropocêntrica por meio de processos transnacionais legais envolvendo atores estatais e não estatais	Proteção ambiental da natureza numa esfera transnacional envolvendo atores estatais e não estatais	Governança de sustentabilidade numa esfera transnacional envolvendo atores estatais e não estatais
Direito Planetário	Reconhecimento de limites ambientais antropocêntricos a partir de uma perspectiva planetária	Proteção ambiental da natureza a partir de uma perspectiva planetária	Governança focada em todos os seres vivos e na Terra a partir de uma perspectiva do sistema planetário

Fonte: Elaboração dos autores, a partir de dados de Kotzé e Kim (2019).

Primeiro, "direito ambiental" é visto como sendo antropocêntrico (focado no ser humano). Ele opera em uma escala de tempo dos seres humanos, responde a demandas de humanos e paradigmas de crescimento neoliberais, portanto, os ecossistemas são reduzidos a objetos de propriedade privada. Segundo, o "direito ecológico" é centrado no meio ambiente. Ele opera com uma escala de tempo da natureza e atribui um *status* de objeto central aos ecossistemas. Porém, esse tipo de direito é muito focado na conservação e, de certa forma, procura voltar para um tempo em que não houve interferência humana na Terra e, portanto, é focado mais no Holoceno. Terceiro, o "direito da Terra" (*Earth Law*) é baseado na convicção de que, no Antropoceno, a Terra é dominada pelo ser humano e constitui um sistema socioecológico interconectado. Essa perspectiva legal rejeita a separação entre ser humano e natureza. Contrário ao direito ecocêntrico, não tem um referencial baseado em condições no passado e, portanto, é mais voltado para o futuro. O direito da Terra adota uma perspectiva de tempo geológico, como por exemplo o ciclo milenar de decomposição natural do CO_2 na atmosfera.

Com relação ao escopo geográfico ou jurisdicional do direito, primeiro o "Direito Internacional" é fortemente baseado no princípio de soberania que frequentemente constitui um pretexto para países não tomarem medidas necessárias ou cumprirem com compromissos para mitigar emissões de CO_2. Além disso, o Direito Internacional aplica uma abordagem "*top-down*". Segundo, o "direito transnacional" adota uma perspectiva não exclusivamente focada em Estados, mas reconhece outros atores. Além disso, o direito transnacional adota uma perspectiva mais flexível sobre o princípio de soberania, reconhecendo que o direito, nessa perspectiva, não é necessariamente restrito ao território dos Estados. O direito "planetário" ou "de sistemas-planetários" seria um tipo de direito informado por fronteiras planetárias que atravessa fronteiras geográficas ou jurisdicionais. Esse tipo de direito leva em conta o teto ecológico e o fundamento social, isto é, não está só restrito a manter a integridade das fronteiras planetárias, mas também considera questões de justiça e desigualdade de consumo e produção.

Essas concepções de Kotzé e Kim (2019) nos ajudam a pensar de forma mais abstrata sobre os desafios de governança no Antropoceno e sobre o fato de que as instituições e organizações precisam ser reformadas. As ideias sobre o direito da Terra e o direito planetário não se referem a algo já implementado. A bem da verdade, elas constituem visões sobre os rumos necessários do desenvolvimento do Direito Internacional para fazer frente a complexidades inéditas, na perspectiva de riscos globais e catastróficos, como no caso do clima. Tais riscos podem levar a pontos de ruptura ou inflexão (*tipping points*), quando os danos se tornam irreparáveis ou ameaçam a sobrevivência de milhões de pessoas.

NEGOCIAÇÕES FRAGMENTADAS: FLORESTAS, BIODIVERSIDADE, CLIMA E OCEANOS

A proteção das florestas, da biodiversidade, da agenda climática e da regulação dos oceanos não é tema recente nas agendas das organizações internacionais. Todas essas demandas tiveram evolução impressionante após a criação da ONU e levaram a inúmeras rodadas de negociações ao longo dos anos, porém com resultados bastante discutíveis. Elas são tratadas pelo mesmo grande grupo de Organizações, formando um verdadeiro complexo de regimes: PNUMA, PNUD, FAO, Unesco, OMM, Oaci, IMO, além da Assembleia Geral da ONU. Diversas organizações regionais também reconheceram a importância dos temas em agendas de desenvolvimento sustentável, comerciais, científicas e até humanitárias. São, portanto, regimes conectados em função das dinâmicas planetárias e dos serviços ecossistêmicos, já amplamente reconhecidos pela comunidade científica, inclusive no âmbito de órgãos científicos subsidiários e do IPCC.

Logo, faz sentido pensar nos quatro temas – florestas, biodiversidade, clima e oceanos – a partir do conceito de complexo de regimes. Outros conceitos, como qualidade de vida, limites planetários, riscos globais, saúde ambiental, Antropoceno, diplomacia científica, corroboraram as hipóteses de que tais temas não podem ser desconectados. Mesmo assim, ainda são tratados separadamente nas convenções multilaterais/regionais e exigem dos negociadores e juristas um enorme esforço de reforma no futuro próximo, no sentido do direito do sistema Terra.

Como explicado anteriormente, o clima corresponde a um complexo de regimes, muito mais amplo do que a agenda puramente ambiental. Além da transição para uma economia de baixo carbono por meio do emprego de tecnologias para energias renováveis, a criação de cidades inteligentes e o atingimento dos Objetivos de Desenvolvimento Sustentável são agendas centrais. O desmatamento florestal e a mineração no oceano, como no caso ártico, são duas atividades que liberam o CO_2 estocado, logo, criam externalidades que precisam ser devidamente analisadas como riscos para as gerações futuras. Nesse sentido, a estabilidade climática é necessária para que os demais regimes de sustentabilidade tenham sucesso. Desertificação, por exemplo, é um dos principais desafios para diversos países em desenvolvimento, inclusive o Brasil.

Florestas é um tema extremamente polêmico, por diversas razões, e já foi tratado com as três perspectivas jurídicas expostas na Tabela 3. Entre elas, o fato de estarem sob a jurisdição nacional, mas ao mesmo tempo prestarem serviços ecossistêmicos para o planeta. No caso do Brasil, a comunidade científica prefere usar o termo "bioma amazônico", pois não é apenas uma floresta, mas um conjunto de seres vivos que abrange a diversidade biológica. O bioma também oferece serviços ambientais, pois é uma verdadeira "fábrica de chuva" ao criar os "rios voadores" e tem impactos no clima global. Logo, mudanças no bioma afetam não apenas o Brasil, mas o planeta.

Por isso, até hoje não houve consenso nem liderança para a criação de uma organização multilateral sobre florestas. Em 1995, foi criada a Organização do Tratado de Cooperação Amazônica (OTCA), após o Tratado de 1978 ter sido ratificado pelos países amazônicos (Brasil, Bolívia, Colômbia, Equador, Guiana, Peru, Suriname e Venezuela). Porém, ela nunca teve a efetividade planejada, devido à falta de delegação de poderes por parte dos membros. Florestas de outras regiões também têm organizações ou arranjos de cooperação próprios, com grande variação nos resultados obtidos. Outra razão é o nexo entre a floresta/biodiversidade e o comércio internacional. Importa destacar iniciativas do setor privado, como a certificação de madeira e de produtos, principalmente para evitar desmatamento ilegal e *dumping* social e ecológico. O Acordo entre Estados Unidos, Canadá e México (USMCA), em vigor desde 2020, atualizou o regime do Nafta para os interesses do setor privado. Entretanto, o exemplo mais recente são as cláusulas ambientais do acordo entre a União Europeia e o Mercosul, assinado em 2019. Apesar de ambos terem agendas ambientais, o acordo interblocos é mais ambicioso e atualizado nesse tópico.

Outro desafio central é uma abordagem mais recente sobre a efetiva participação, consagrada em 1992, das comunidades indígenas e locais nos processos decisórios. Se no passado a preservação ambiental poderia ser interpretada como o afastamento das pessoas de determinada zona a ser protegida, como foram diversos parques na África, por exemplo, depois de 1992 prevalece o entendimento de que os "povos da floresta" não só têm o direito de permanecer no local, como também o reconhecimento da simbiose entre pessoas e natureza. Logo, o manejo florestal acabou sendo uma prática nacional, que ainda não foi internacionalizada de forma adequada.

No caso do Brasil em particular, a Amazônia continua sendo vista como um mito e como alvo constante de pressões externas que ameaçariam a soberania nacional, em detrimento de outros biomas sob pressão de expansão da fronteira agrícola e urbanização descontrolada, como o cerrado. Ao contrário, os recursos florestais brasileiros são ativos que deveriam pesar positivamente para o Brasil nas negociações multilaterais. Durante a Rio-92, foram difíceis as negociações para a assinatura de um acordo obrigatório, tendo a falta de consenso levado à adoção de uma Declaração de Florestas, cujo título retrata a complexidade da questão: "Declaração oficial de princípios, sem força jurídica obrigatória, para um consenso global quanto à gestão, a conservação e o desenvolvimento sustentável de florestas de todos os tipos". Enquanto os países do Norte insistiram na proteção apenas das florestas tropicais, os países do Sul, em geral, e os amazônicos, em particular, exigiam que se tratasse de todos os tipos de florestas.

O impasse levou vários autores, como Dimitrov, a empregar o conceito de "quase-regime" de florestas. Em 2014, foi assinada na sede da ONU a Declaração de Florestas de Nova York por 130 países, organizações da sociedade civil, representantes indígenas na Cúpula do Clima e empresas. Hoje existem diversas iniciativas, inclusive com o setor privado e/ou em conexão com agendas de comércio, clima, pesquisa científica, entre outras, porém há apenas um quase-complexo de regime de florestas.

Ao contrário das florestas, o tema da biodiversidade obteve o consenso dos Estados participantes na Rio-92. Tornou-se um amplo regime, pautado principalmente na Convenção sobre Diversidade Biológica (CDB), assinada no evento. A CDB teve dois protocolos adicionais para detalhar direitos e deveres dos atores internacionais. O primeiro foi o Protocolo de Cartagena, referente a organismos vivos modificados (ou transgênicos, ou OVM, ou OGM no Brasil) e o outro foi o Protocolo de Nagoia, sobre o acesso a recursos genéticos e a repartição de benefícios dele oriundo (regime ABS). Apesar das grandes inovações conceituais e operacionais, como o reconhecimento das comunidades indígenas e locais, bem como do seu conhecimento tradicional, a CDB ainda tem muitos limites. Ademais, foram criadas diversas iniciativas, como as Metas de Aichi e o Painel Intergovernamental sobre Serviços Ecossistêmicos (IPBES, da sigla em inglês) buscando criar sinergias entre os diferentes atores do setor público e privado, com base nos relatórios da comunidade científica.

O principal limite da CDB é o seu escopo de aplicação, limitado a áreas sob jurisdição nacional. Consequentemente, ficam excluídos os polos Norte e Sul, o alto-mar, os fundos marinhos e o espaço. Todos têm regimes (arranjos institucionais) próprios, sendo que a Antártica, os fundos marinhos e o espaço foram considerados Patrimônio Comum da Humanidade (PCH). Isso implica que são inapropriáveis e que só podem ser utilizados para fins pacíficos e científicos. Entretanto, as potências militares só observam essas regras parcialmente. O Ártico é um caso único, com populações tradicionais e seu Conselho formado por grandes potências que têm interesse em mineração e transporte.

O oceano é tradicionalmente tratado com fortes divisões geográficas e com zonas sob jurisdição nacional e o alto-mar, de acordo com o Direito Internacional, cujo principal referencial são as Convenções de Direito do Mar, também conhecida como Convenções de Montego Bay (Unclos, na sigla em inglês), da época da Guerra Fria. Além disso, há diversas Organizações Regionais de Ordenamento Pesqueiro (Orop), divididas entre espaços geográficos ou espécies específicas com alto valor comercial, como o atum de barbatana azul. Há também organizações especializadas, como a Comissão Baleeira Internacional. Em 2020, dois tratados obrigatórios tiveram suas respectivas conclusões postergadas em razão da covid-19. Um é o Código de Mineração sob a égide da Autoridade Internacional dos Fundos Marinhos (Isba, na sigla em inglês) e outro concerne à biodiversidade além da jurisdição nacional (BBNJ, na sigla em inglês), negociado em Nova York.

Os polos Norte e Sul têm arranjos de poder distintos e desconectados. O Conselho do Ártico (CA) e o Sistema do Tratado Antártico (STA) consideram as questões ambientais, climáticas e oceânicas, mas não observam necessariamente as regras da CDB, CQNUMC, Unclos ou do outro polo. Ambos resultam de arranjos de poder entre as superpotências da época da Guerra Fria e proibiram atividades militares nas regiões polares. Enfrentam atualmente desafios de gestão referentes a derretimento acelerado de partes das calotas polares e de atividades econômicas, como mineração, transporte, bioprospecção e turismo. Enquanto o CA permite prospecção de petróleo e mineração, o STA as proibiu por meio do Protocolo de Madri de 1991.

A fragmentação da governança ambiental, do ponto de vista das organizações internacionais, tem dois lados. O lado bom é que permite focar em agendas específicas, com objetivos e metas teoricamente mais facilmente alcançáveis. Permite também a cooperação de grande número de atores, sem que haja o custo de transação alto demais. Ou seja, o recorte por agenda (ou por mandato/competência/escopo) traz vantagens para as burocracias internacionais. Por outro lado, as abordagens mais sistêmicas e gerais permitem uma visão mais completa do quadro e, principalmente, pistas para responder à pergunta: Como um regime afeta os demais? Por exemplo, o derretimento acelerado das calotas polares tem impacto no clima, nas correntes marítimas, na diversidade biológica, e pode trazer microrganismos desconhecidos que causarão novas doenças.

SAÚDE GLOBAL COMO UM DESAFIO URGENTE

O tema da saúde é um dos mais tradicionais das Relações Internacionais e regionais, em função do interesse dos Estados com o que se convencionou chamar de saúde pública. Em 1902, o Escritório Sanitário Internacional das Repúblicas Americanas foi criado em Washington para coordenar o combate à febre amarela disseminada pelo transporte marítimo, tornando-se mais tarde a Organização Pan-Americana de Saúde (Opas), com 48 membros. Igualmente, o Escritório Internacional de Higiene Pública (Office International de Hygiène Publique) foi criado em Paris em 1907. Ainda desprovidos de ministérios da saúde, os Estados foram compelidos a trocar informações sobre epidemias e políticas públicas, como no caso da gripe espanhola de 1918. Depois da Primeira Guerra Mundial, em 1920 foi criada a Organização de Saúde da Liga das Nações. Depois da Segunda Guerra Mundial, foi criada em 1948 a Organização Mundial da Saúde (OMS), agência especializada em saúde do sistema ONU, também com sede em Genebra, como sua antecessora. Ou seja, ainda há um longo processo de cooperação em saúde, notadamente na América do Sul.

Embora a saúde tenha tido amplo reconhecimento com o interesse nacional, o tema foi internacionalizado gradativamente. Por um lado, isso significa que o escopo e o poder de ação da OMS são bem limitados. Essa limitação serviu como base para que a Corte Internacional de Justiça respondesse à consulta da OMS sobre a legalidade dos testes nucleares franceses, em meados da década de 1990, pois o tema não era de competência da OMS. Sobre o poder de ação, a OMS tem capacidade de informar e recomendar padrões e tratamentos, por exemplo, mas não de investigar a conduta de um Estado soberano, e muito menos de uma empresa privada. Por outro lado, o setor privado, em geral, e a comunidade científica, em particular, interagem de maneira cada vez mais intensa, criando arranjos institucionais novos e assimétricos, como redes de ONG e de comunidades científicas engajadas em processos decisórios. Um exemplo emblemático é o da Fundação Bill e Melinda Gates, que tem atuado na Índia com a agenda ODS, e desde 2020 mais fortemente engajada no combate à mudança global do clima e da covid-19.

Paradoxalmente, mesmo que tenha sido reconhecido como um tema importante, a saúde não tem uma organização forte capaz de efetivamente resolver crises mundiais por meio de mecanismos obrigatórios. Além disso, as questões relativas à saúde englobam praticamente tudo, da rotina das pessoas (como o aleitamento materno e o tabaco), a processos como a urbanização, saúde animal e sindemias. Por isso, novos conceitos como *one health* (saúde única – uma abordagem complessiva da agenda, incluindo a veterinária) e saúde planetária (incluindo a qualidade e vitalidade dos ecossistemas) são imprescindíveis para a reforma da OMS e de outras organizações pertinentes.

Saúde também é coletiva e individual, de forma indivisível, e exige políticas preventivas, curativas, informativas, entre outras. Importa destacar que organizações regionais sobre saúde foram criadas antes da OMS, porém houve um processo exitoso de institucionalização do sistema. Ou seja, as organizações regionais funcionam muito bem com a OMS, no âmbito do complexo de regimes da saúde. Além da interação inquestionável entre atores do Estado, do mercado e da sociedade, somados aos individuais, as agendas institucionais abarcam temas como conflitos armados e violência, desigualdades de acesso e recursos, qualidade ambiental, instabilidades, educação, entre outros.

Crises sanitárias, como foi o caso da HIV/aids na década de 1990 e da covid-19 em 2020-2021, podem engendrar crises humanitárias e trouxeram duas grandes lições. A primeira é que doenças contagiosas escapam rapidamente do controle das autoridades públicas e exigem que o processo de cooperação internacional seja mais célere, efetivo, e baseado na ciência. Nesse sentido, a criação da iniciativa Covax pela aliança Gavi e diversas instituições públicas e privadas para gerenciar melhor a produção e distribuição de vacinas foi central. A Covax assumiu o objetivo de doar 2,3 bilhões de doses da vacina contra covid-19 para países em desenvolvimento até o final de 2021. Outrossim, o México, por exemplo, em fevereiro de 2021, levou ao Conselho de Segurança o fato de que dez países concentram cerca de 75% das doses de vacinas disponíveis. Pela letra da Carta das Nações Unidas, é discutível se a covid-19 constitui ou não uma ameaça à paz e segurança internacionais. A outra lição é que segurança coletiva precisa necessariamente abordar saúde, por isso mencionar a "geopolítica da vacina" não é exagero. Ademais, não há segurança e estabilidade sem saúde, e não há saúde coletiva sem governança e coordenação efetivas através das fronteiras nacionais.

Conclusão

Este livro foi estruturado a partir de temas centrais, mas sem a intenção de exaurir a multiplicidade de temas transversais do empreendedorismo institucional. Considerando o rápido desenvolvimento do sistema multilateral no pós-Segunda Guerra e a expansão das Organizações e Instituições Internacionais, os séculos XX e XXI foram ao mesmo tempo marcados por grandes linhas de continuidade e novas rupturas. A continuidade corresponde ao longo processo de institucionalização das Relações Internacionais, com diversas organizações criadas, porém de alguma forma conectadas com o sistema ONU, sob liderança do eixo euro-atlântico. Entre as rupturas mais recentes, vale ressaltar o deslocamento de poder para a Ásia do Sudeste e a covid-19, além da eleição de Donald Trump e o Brexit, frutos de uma onda nacionalista, com expressão populista. Esse contexto desafia os princípios políticos liberais (diferentes do liberalismo econômico) sobre os quais o arcabouço internacional foi construído no pós-Segunda Guerra.

A criação e a evolução de instituições precisam ser entendidas a partir do contexto histórico, econômico e geopolítico combinados. Grande parte das instituições que constituem o arcabouço comercial internacional foram estabelecidas sobre liderança hegemônica de um Estado forte (os EUA), porém criaram culturas institucionais que as permitem produzir resultados com bastante autonomia. No momento, um importante desafio é saber como acomodar a crescente importância política e econômica dos países emergentes, principalmente da China e da Índia. Como as Organizações e Instituições foram fortemente marcadas pela ideologia, interesses e práticas ocidentais, resta a questão de saber se – e em qual medida – haverá reformas efetivas para melhor engajar os novos polos de poder global.

Os problemas enfrentados pelo multilateralismo talvez não surpreendam observadores das Relações Internacionais da perspectiva realista. Ao contrário da "falsa promessa das Instituições Internacionais" (Mearsheimer, 1994) de promover a paz e a cooperação internacional, talvez o que realmente garanta a estabilidade internacional seja a atuação dos Estados poderosos e os arranjos baseados em equilíbrio de poder entre eles. No final das contas, se um Estado avaliar que a adesão a tratados internacionais pode ferir gravemente seu interesse nacional, ele pode escolher ficar de fora ou ratificá-lo sem o implementar. De fato, os Estados participam das Organizações Internacionais com base em considerações pragmáticas e em função de suas preferências, que podem mudar radicalmente com uma mudança de governo.

Há, portanto, um processo complexo de barganha baseado em expectativas sobre o presente e o futuro, no qual Estados analisam o comportamento dos outros sobre a distribuição justa/aceitável dos custos e benefícios criados no processo. Em alguns casos, a coordenação de esforços comuns para alcançar um certo objetivo pode requerer um grau de delegação de soberania. Assim, a compreensão, tanto dos limites como da lógica pragmática que guia a atuação dos Estados, nos fornece um ponto de partida importante para entender como funcionam as Organizações Internacionais.

Conclusão

Outra questão fundamental no que diz respeito à ruptura na ordem internacional é a competição entre Washington e Pequim. Num primeiro momento da sua reemergência (os anos 1990-2000), a inclinação da China era a de somente participar das instituições internacionais existentes. Sob a presidência de Xi Jinping, ou seja, desde 2013, o país tem se empenhado na criação de novas organizações internacionais que, de certa forma, espelham os arranjos existentes. Abrangendo uma ampla gama de novas áreas temáticas, desde finanças, diplomacia, segurança, comércio, investimento, saúde e infraestrutura, a China tem criado uma série de organizações alternativas.

Esse novo arranjo institucional levanta questionamentos sobre as vicissitudes da ordem tradicional, como, por exemplo, a imposição de normas econômicas a países em desenvolvimento. Também existem preocupações relacionadas à situação contrária, podendo haver um risco de não interferência em assuntos internos e, assim, favorecer a repressão de dissidentes por regimes autoritários. Dito de outra forma, se somos parte da humanidade compartilhando o mesmo planeta e os mesmos direitos, formando uma comunidade internacional, quem poderá impor limites e deveres aos soberanos?

O processo por meio do qual Estados descontentes com a ordem existente buscam refundar uma nova ordem foi caracterizado como "multilateralismo contestado" (Morse e Keohane, 2014). Como a crescente rivalidade EUA/China define o pano de fundo geopolítico ao longo do século XXI, existe, portanto, a necessidade de adaptação das organizações para dirimir riscos de processos de bifurcação da ordem liberal ocidental. Isso muito provavelmente gerará grandes obstáculos para os foros que têm pretensão universal, como a ONU, e nos leva a considerar como serão enfrentados os riscos globais em nome do interesse geral da humanidade.

No que tange às condições de efetividade das Organizações Internacionais, é preciso rever o arcabouço jurídico internacional para que a estrutura de representação e participação seja adaptada à realidade social. Além da inclusão efetiva de atores da sociedade civil nos processos decisórios, a questão do financiamento das Organizações Internacionais precisa ser revista. Em outros termos, Organizações Internacionais mais inclusivas e transparentes são necessárias para enfrentar desafios e riscos globais, como aqueles relativos à mudança global do clima, à saúde global, às tecnologias disruptivas e principalmente ao desenvolvimento humano, que conduzam a mais justiça planetária.

Ao considerar os grandes desafios comuns para a ordem internacional existente, cabe lembrar o contexto do surgimento da ONU. Logo após a Segunda Guerra Mundial, o mundo industrializado dividiu-se em dois polos, um capitalista e um comunista, e assim permaneceu durante as primeiras quatro décadas da existência da organização. Ao longo dos anos 1950-1960, o movimento de descolonização, além de trazer muitos novos membros ao sistema onusiano em curto espaço de tempo, aprofundou a clivagem entre o Sul e o Norte, que ganhou expressão principalmente na Assembleia Geral. Portanto, na evolução da própria ONU houve profundas divergências e contestações, que em larga medida definiram as pautas, o escopo e a efetividade do sistema. Nesse sentido, deve-se pensar nos resultados alcançados por essa organização como "a arte do possível".

Mesmo que a capacidade coletiva para reagir a crises e desafios tenha sido limitada, como no caso dos vetos no Conselho de Segurança e nos programas de desenvolvimento internacional, os resultados produzidos pelo sistema ONU não são triviais. Logo, as funções que as Organizações Internacionais desempenham nas suas respectivas áreas têm grande importância para o desenvolvimento econômico e social do planeta. Seguramente, se não tivéssemos essas organizações, coordenar a cooperação internacional seria muito mais difícil. Portanto, enquanto no nível da *alta política* pode parecer que encontrar soluções para os grandes contenciosos da agenda global é impossível, nos bastidores, e no nível operacional, pode haver espaço para avançar e encontrar soluções para problemas que afetam grande parte da população global. Em suma, a ONU tem de trabalhar a partir dos limites impostos pelo fato de ter de abranger os interesses e aspirações de

Conclusão

193 Estados-membros, e outros como Taiwan e Palestina, milhões de organizações do mercado e da sociedade civil, e 7,8 bilhões de indivíduos. Ademais, os direitos das gerações futuras também precisam ser considerados, principalmente nas agendas complessivas, como a Agenda 2030.

Neste livro, apresentamos a complexidade e os desafios que o desenvolvimento das Organizações e Instituições internacionais têm enfrentado ao longo da sua evolução, mas também as suas inúmeras tarefas e conquistas. Ressaltamos conceitos centrais relacionados a eles e destacamos Organizações importantes. A Tabela 4 apresenta um resumo geral:

Tabela 4 – Resumo de temas, conceitos e organizações

	Temáticas tratadas	Conceitos centrais	Organizações apresentadas
Cap. Teoria e prática: a origem das Organizações Internacionais	• Definição de instituições e Organizações Internacionais e intergovernamentais. • Perspectivas realistas, liberais e construtivistas na Teoria de Relações Internacionais sobre o papel das Organizações Internacionais. • A origem histórica das instituições e das Organizações Internacionais. • A evolução da institucionalidade internacional do século XX desde a Liga das Nações até as Nações Unidas.	Interdependência, *realpolitik*, soberania, integração regional, ordem internacional, Sistema da Vestfália, ordem sinocêntrica, Sistema Bretton Woods	Concerto Europeu, Liga das Nações, CEE, CSNU, CICV, AGNU, FMI, G-7, Mercosul, Nafta, OMC, OMS, Brics, Basic, ONU, Ibas

Cap. A construção da segurança coletiva	• A ONU como ferramenta institucional para a manutenção do *status quo* e a acomodação dos interesses dos Estados mais poderosos. • Os poderes e limites do Conselho de Segurança das Nações Unidas. • Os esforços multilaterais pela não proliferação nuclear. • Os dilemas da responsabilidade de proteger e a intervenção militar.	Segurança coletiva, Doutrina Monroe, não proliferação, R2P, segurança humana	CSNU, Otan, Pacto de Varsóvia, Tiar, LEA, OUA, UA OECE, OCX
Cap. As instituições de Bretton Woods e o comércio internacional	• A evolução histórica do comércio e os acordos comerciais. • A criação e os desafios recentes do sistema comercial internacional. • Os dilemas relacionados aos mega-acordos transregionais. • O futuro incerto da ordem comercial.	Vantagem comparativa, protecionismo, nação mais favorecida, multilateralismo comercial, *embedded liberalism*, tarifa externa comum, hiperglobalização	OIT, OIC, GATT, OMC, FMI, Bird, OCDE, Mercosul, UE, Nafta, RECP USMCA

▶ Cap. O desenvolvimento internacional como ideal	• A atuação das instituições no sistema de desenvolvimento multilateral. • Os paradigmas concorrentes de desenvolvimento ao longo da última parte do século XX. • O desenvolvimento sustentável e as Agendas da ONU.	Ajuste estrutural, teoria de modernização, dependência, desenvolvimento sustentável, desenvolvimento humano, responsabilidades comuns, porém diferenciadas	Banco Mundial, FMI, PNUD, Cepal, Unido, Unicef, Unesco, PNUMA, FAO, ONGs
Cap. Direitos humanos e justiça global	• A consolidação do arcabouço de direitos humanos e humanitários. • A evolução do regime de refúgio e migração internacional. • As cortes e o exercício da justiça global.	Regime humanitário internacional, regime de direitos humanos internacional, não *refoulement*, complexos de regimes	ACNUR, OIM, CIJ, TPI, CIDH
Cap. Meio ambiente e saúde global	• A evolução do regime ambiental global, desde Estocolmo até Paris. • O Antropoceno e as fronteiras planetárias. • Os desafios de governança da saúde global.	Antropoceno, governança do sistema Terra, saúde global	ONU, OMS, PNUMA, PNUD, Isba

Fonte: Elaboração dos autores.

Os temas relatados neste livro demonstram um processo de rápida aceleração ao longo da última parte do século XX, ao ritmo da globalização e da ordem multipolar pautada pela competição sino-americana. Esse processo impactou as Relações Internacionais de maneira profunda. Outrossim, ao longo dos anos surgiram novos desafios para as Organizações e Instituições Internacionais, com a crescente polarização política e a disseminação da violência nas sociedades. Instituições como a democracia e o Direito Internacional foram afetadas, mas não perderam a sua relevância. Na mesma linha, a ONU e outras organizações foram abaladas. Portanto, é possível afirmar que Instituições e Organizações "sobrevivem" nas Relações Internacionais e que, mesmo enfrentando adversidades, podem encontrar novas formas de responder aos mais diversos desafios. Elas se adaptam às conjunturas globais e às relações de poder, por meio de interações cada vez mais intensas entre atores públicos e privados.

Sugestões de leitura

Um dos livros mais lidos e debatidos na área de Relações Internacionais é *Power and Interdependence: World Politics in Transition* (1977), escrito por Robert Keohane e Joseph Nye. Os autores analisam o conceito de interdependência na política internacional e como ela define as interações entre os Estados na política internacional. Em *International Regimes*, Stephen Krasner (1982) contribui com um livro que seria uma pedra angular na literatura sobre instituições e regimes internacionais. O livro apresenta visões de uma série de autores seminais das Relações Internacionais, que refletem sobre cooperação, organização internacional, processos de barganha e conflito. Com *After Hegemony: Cooperation and Discord in the World Political Economy* Keohane (1984) mostra qual o papel de Estados hegemônicos em criar os arranjos institucionais de organizações que sustentam a ordem global em dados momentos e como essa ordem pode sobreviver, mesmo após o declínio da potência hegemônica.

Uma obra que oferece reflexão sobre o espaço dos países emergentes no mundo é o *Post-Western World: How Emerging Powers are Remaking*

Global Order, escrita por Oliver Stuenkel (2016). O autor nos leva para uma jornada histórica até os dias de hoje para entender como os países do Sul global estão emergindo para pensarmos o cenário das Organizações Internacionais no futuro. Em *Rules for the World: International Organizations in Global Politics,* os construtivistas Michael Barnett e Martha Finnemore (2004) apresentam as Organizações Internacionais como burocracias com cultura própria. Examinam alguns dos grandes dilemas e desafios de definir as modalidades e implementação da governança global por meio da análise de casos emblemáticos desses processos. Oran Young tem dezenas de livros e artigos sobre regimes internacionais e governança global, sendo um dos nomes mais relevantes para os temas relativos à sustentabilidade em escala planetária.

Thomas Weiss e Sam Daws (2008) publicaram o *Oxford Handbook on the United Nations* trazendo uma contribuição central para o estado da arte sobre a ONU e seus desafios para o século XXI. No livro *International Organizations: Politics, Law, Practice,* Ian Hurd (2010) apresentou uma ampla perspectiva sobre os componentes centrais das Organizações Internacionais. Escrito na interseção entre os campos da política e direito, Hurd contribui com um balanço transversal sobre temáticas da primeira ordem na governança global. Em *Liberal Leviathan: the Origins, Crisis, and Transformation of the American World Order* Stephen Krasner (2011) permite rastrear o surgimento histórico da ordem global contemporânea e apresenta uma perspectiva otimista em relação à sua chance de perpetuação, mesmo que isso signifique um papel menor dos Estados Unidos. Thomas Weiss e Rorden Wilkinson (2013), no livro *International Organization and Global Governance*, fornecem uma impressionante variedade de contribuições sobre a história, a teoria e os processos que fazem parte da governança global. Por fim, em *Breaking the WTO: How Emerging Powers Disrupted the Neoliberal Project,* Kristen Hopewell (2016) mostra como países emergentes, como Brasil, China e Índia, conseguiram mudar o projeto de institucionalização de uma ordem comercial baseada nos interesses dos EUA e na Organização Mundial de Comércio (OMC).

Lista de siglas

- AAAA – Agenda de Ação de Addis Abeba
- ABBAC – Agência Brasileiro-Argentina de Contabilidade e Controle de Materiais Nucleares
- ACNUR – Alto-Comissariado das Nações Unidas para Refugiados
- ACRLN – Alto-Comissariado para Refugiados da Liga das Nações
- ADM – Armas de Destruição em Massa
- AGNU – Assembleia Geral das Nações Unidas
- AIEA – Agência Internacional de Energia Atômica
- AIIB – Banco Asiático de Investimento em Infraestrutura
- Aladi – Associação Latino-Americana de Integração e Desenvolvimento
- Alca – Área de Livre-Comércio das Américas
- AoA – Acordo de Agricultura
- Apec – Organização de Cooperação Econômica Ásia-Pacífico
- Asean – Associação de Nações do Sudeste Asiático

- Basic – Fórum Brasil, África do Sul, Índia, China
- BBNJ – Biodiversidade Além da Jurisdição Nacional
- BID – Banco Interamericano de Desenvolvimento
- Bird – Banco Internacional para a Reconstrução e o Desenvolvimento
- BM – Banco Mundial
- BNDES – Banco Nacional de Desenvolvimento Econômico e Social
- Brics – Grupo com Brasil, Rússia, Índia, China e África do Sul
- C-10 – comitê da União Africana relativo à reforma do Conselho de Segurança da ONU
- CA – Conselho do Ártico
- Caricom – Comunidade do Caribe
- CBDR – Responsabilidades Comuns, Porém Diferenciadas
- CDH – Comitê de Direitos Humanos das Nações Unidas
- CDB – Convenção sobre Diversidade Biológica
- CEE – Comunidade Econômica Europeia
- CEI – Comunidade dos Estados Independentes
- Cepal – Comissão Econômica pela América Latina e o Caribe
- CICV – Comitê Internacional da Cruz Vermelha
- CIJ – Corte Internacional de Justiça
- CNUMAD – Conferência das Nações Unidas sobre Meio Ambiente e Desenvolvimento
- CNUMAH – Conferência das Nações Unidas sobre o Meio Ambiente Humano
- COI – Comitê Olímpico Internacional
- COP – Conferência das Partes
- Covax – Iniciativa liderada pela Organização Mundial de Saúde para a distribuição das vacinas contra a covid-19
- CPJI – Corte Permanente de Justiça Internacional
- CQNUMC – Convenção-Quadro das Nações Unidas sobre Mudança do Clima

Lista de siglas

- CSNU – Conselho de Segurança das Nações Unidas
- CTBT – Tratado de Interdição Completa de Ensaios Nucleares
- DIP – Direito Internacional Público
- Ecosoc – Conselho Econômico e Social da ONU
- ECOWAS – Comunidade Econômica dos Estados Africanos Ocidentais
- EI – Estado Islâmico ou Daesh
- FAO – Organização para Agricultura e Alimentação
- Fifa – Federação Internacional de Futebol
- FMI – Fundo Monetário Internacional
- GATT – Acordo Geral de Tarifas e Comércio
- GAVI – Aliança criada em 2000 pela Fundação Bill e Melinda Gates para melhorar a distribuição de vacinas no mundo
- GEE – Gases de Efeito Estufa
- GFMD – Fórum Global sobre Migrações e Desenvolvimento
- GMG – Grupo sobre Migrações Globais
- Grulac – Grupo dos Países Latino-Americanos e do Caribe
- G-4 – Alemanha, Brasil, Índia e Japão
- G-7 – Grupo de sete grandes economias mundiais
- G77/China – Coalizão de países em desenvolvimento
- G-20 – Grupo das 20 grandes economias mundiais
- Ibas – Fórum de Diálogo Índia-Brasil-África do Sul
- IDFC – Clube Internacional de Financiamento ao Desenvolvimento
- IDH – Índice de Desenvolvimento Humano
- IPCC – Painel Intergovernamental sobre Mudanças Climáticas
- IPBES – Painel Intergovernamental sobre Serviços Ecossistêmicos
- Isba – Autoridade Internacional dos Fundos Marinhos
- ISO – Organização Internacional de Normalização

153

- LGBTQIA+ – Lésbicas, Gays, Bissexuais, Trans e Travestis, Queers, Intersexuais, Assexuais e mais
- LEA – Liga dos Estados Árabes
- L.69 – grupo de países em desenvolvimento criado depois da Resolução A/61/L.69 da Assembleia Geral das Nações Unidas, sobre a reforma do Conselho de Segurança da ONU
- MAD – Destruição Mútua Assegurada
- Mercosul – Mercado Comum do Sul
- Minustah – Missão das Nações Unidas para a Estabilização no Haiti
- MRV – Mecanismos de Monitoramento, Relatório e Verificação
- Nafta – Tratado Norte-Americano de Livre Comércio
- NDB – Novo Banco de Desenvolvimento (do Brics)
- NDCs – Contribuições Determinadas Nacionalmente
- NOEI – Nova Ordem Econômica Internacional
- Oaci – Organização da Aviação Civil Internacional
- OCDE – Organização para a Cooperação e Desenvolvimento Econômico
- OCX – Organização de Cooperação de Xangai
- ODA – Ajuda Oficial ao Desenvolvimento
- ODM – Objetivos de Desenvolvimento do Milênio
- ODS – Objetivos de Desenvolvimento Sustentável
- OEA – Organização dos Estados Americanos
- OECE – Organização para a Cooperação Econômica
- OI – Organizações Internacionais
- OIC – Organização Internacional do Comércio
- OIM – Organização Internacional para as Migrações
- OIT – Organização Internacional do Trabalho
- OMC – Organização Mundial de Comércio
- OMI – Organização Marítima Internacional

- OMM – Organização Meteorológica Mundial
- OMS – Organização Mundial da Saúde
- ONU – Organização das Nações Unidas
- Onudi – Organização das Nações Unidas para o Desenvolvimento Industrial
- Opas – Organização Pan-Americana de Saúde
- OPAQ – Organização para a Proscrição de Armas Químicas
- Opep – Organização dos Países Produtores de Petróleo
- Orop – Organizações Regionais de Ordenamento Pesqueiro
- Otan – Organização do Tratado do Atlântico Norte
- OTCA – Organização do Tratado de Cooperação Amazônica
- OUA – Organização da Unidade Africana
- OVM – Organismos Vivos Modificados
- PCH – Patrimônio Comum da Humanidade
- PIB – Produto Interno Bruto
- PNUD – Programa das Nações Unidas para o Desenvolvimento
- PNUMA – Programa das Nações Unidas para o Meio Ambiente
- Prosul – Foro para o Progresso da América do Sul
- R2P – Responsabilidade de Proteger
- RCEP – Parceria Econômica Regional Abrangente
- RCPs – Regional Consultative Processes
- RCPD – Responsabilidades Comuns, Porém Diferenciadas
- Rn2V – Responsabilidade de não vetar
- RwP – Responsabilidade ao Proteger
- Sipri – Stockholm International Peace Research Institute
- STA – Sistema do Tratado Antártico
- Tiar – Tratado Interamericano de Assistência Recíproca
- TNP – Tratado de Não Proliferação de Armas Nucleares

- TPAN – Tratado sobre a Proibição de Armas Nucleares
- TPI – Tribunal Penal Internacional ou Corte Criminal Internacional
- TPP – Parceria Transpacífica
- Trips – Acordo sobre Propriedade Intelectual
- TTIP – Acordo de Parceria Transatlântica de Comércio e Investimento
- UA – União Africana
- UE – União Europeia
- UfC – União pelo Consenso ou *Coffee Club*. Grupo contrário à reforma do Conselho de Segurança da ONU
- UIT – União Internacional de Telecomunicações
- Unasul – União de Nações Sul-Americanas
- UNCTAD – Conferência das Nações Unidas para Comércio e Desenvolvimento
- Unesco – Organização das Nações Unidas para a Educação e Ciência
- Unifem – Fundo de Desenvolvimento das Nações Unidas para as Mulheres
- Unef – Força de Emergência das Nações Unidas
- Unclos – Convenções das Nações Unidas sobre o Direito do Mar
- UNFCCC – Convenção-Quadro das Nações Unidas sobre Mudança do Clima
- Unicef – Fundo das Nações Unidas para a Infância
- UNRWA – Agência das Nações Unidas de Assistência aos Refugiados da Palestina
- UNTSO – Organização de Supervisão de Trégua das Nações Unidas
- USMCA – Acordo Estados Unidos-México-Canadá
- WEF – Relatório de Riscos Globais do Fórum Econômico Mundial

Bibliografia

ALTER, K.; RAUSTIALA, K. The Rise of International Regime Complexity. *Annual Review of Law and Social Science*, 14: 329-49, 2018.
BARNETT, M.; FINNEMORE, M. *Rules for the World*: International Organizations in Global Politics. New York: Cornell University Press, 2004.
BENNETT, N.; SATTERFIELD, T. Environmental Governance: A Practical Framework to Guide Design, Evaluation, and Analysis. *Conservation Letters*. 2018. https://doi.org/10.1111/conl.12600.
BHAGWATI, Jagdish. *Termites in the Trading System*: How Preferential Agreements Undermine Free Trade. Oxford University Press Scholarship Online, 2008.
BODANSKY, Daniel. *The Art and Craft of International Environmental Law*. Massachusetts: MIT Press, 2010.
BIERMANN, Frank. The Anthropocene: a Governance Perspective. *The Anthropocene Review*, v.1, n. 1, pp. 57-61, 2014. DOI:10.1177/2053019613516289.
CHANG, H.-J. *Kicking Away the Ladder*: Development Strategy in Historical Perspective. London: Anthem, 2002.
CRUTZEN, Paul J.; STOERMER, Eugene F. The "Anthropocene". *Global Change Newsletter*, n. 41, v. 17, 2000.
DEVIN, G.; SMOUTS, M. C. *Les organisations internationales*. Paris: Armand Colin, 2011.
FINNEMORE, M.; SIKKINK, K. International Norm Dynamics and Political Change, *International Organization*, v. 52, n. 4, pp. 887-917, 1998.
GOLDSTEIN, J. L.; RIVERS, D.; TOMZ, M. Institutions in International Relations: Understanding the Effects of the GATT and the WTO on World Trade. *International Organization*, v. 61, n. 1, pp. 37-67, 2007.
HATHAWAY, O. The Cost of Commitment. John M. Olin Center for Studies in Law, Economics, and Public Policy Working Papers. 273, 2003. Disponível em: https://digitalcommons.law.yale.edu/lepp_papers/273. Acesso em: 04 ago. 2021.
IKENBERRY, J. *Liberal Leviathan*: the Origins, Crisis, and Transformation of the American World Order. New Jersey: Princeton University Press, 2011.

KANT, I. *Perpetual Peace; A Philosophical Essay*. London: S. Sonnenschein, 1903 [1795].

KEOHANE, Robert O. *After Hegemony*: Cooperation and Discord in the World Political Economy. Princeton, N.J.: Princeton University Press, 1984.

KOTZÉ, L.; KIM, R. Earth System Law: The Juridical Dimensions of Earth System Governance. *Earth System Governance*, v. 1, 2019. DOI https://doi.org/10.1016/j.esg.2019.100003.

KRASNER, S. Structural Causes and Regime Consequences: Regimes as Intervening Variables. *International Organization*, v. 36, n. 2, pp. 185-205, 1982.

MEARSHEIMER, J. J. The False Promise of International Institutions. *International Security*, v. 19, n. 3, 1994. DOI https://doi.org/10.2307/2539078.

OMC – RTA Tracker. Regional Trade Database, 2020. Disponível em: https://rtais.wto.org/UI/PublicMaintainRTAHome.aspx. Acesso em: 17 jun. 2020.

QIN, Yaqing. Why is There No Chinese International Relations Theory? In: ACHARYA, Amitav; BUZAN, Barry. *Non Western International Relations Theory*; Perspectives on and Beyond Asia. Abingdon, Oxon: Routledge, 2010, pp. 25-50.

ROCKSTRÖM, J. et al. A Safe Operating Space for Humanity. *Nature*. v. 461, pp. 472475, 2009. https://doi.org/10.1038/461472a

RODRIK, D. *The Globalization Paradox*: Why Global Markets, States, and Democracy Can't Coexist. Oxford/New York: Oxford University Press, 2011.

RUGGIE, J. International Regimes, Transactions, and Change: Embedded Liberalism in the Postwar Economic Order. *International Organization*. v. 36, n. 2, pp. 379-415, 1982.

SHELTON, D. *Commitment and Compliance*: the Role of Non-Binding Norms in the International Legal System. Oxford University Press, 2000.

UN PEACEKEEPING. 2021a. Disponível em: https://peacekeeping.un.org/en/terminology. Acesso em: 16 nov. 2020.

_____. 2021b. Disponível em: https://peacekeeping.un.org/sites/default/files/unpeacekeeping-operationlist_3_1_0.pdf. Acesso em: 17 fev. 2021.

VICTOR, D.; KEOHANE, R. The Regime Complex for Climate Change. *Perspectives on Politics*. v. 9, n. 1, pp. 7-23, 2010.

WALLING, C. Human Rights Norms, State Sovereignty, and Humanitarian Intervention. *Human Rights Quarterly*, v. 37, n, 2, pp. 383-413, maio de 2015.

WORLD IN DATA. *Terrorism*. 2021a. Disponível em: https://ourworldindata.org/terrorism. Acesso em: 12 fev. 2021.

_____. *War and Peace*. 2021b Disponível em: https://ourworldindata.org/war-and-peace. Acesso em: 12 fev. 2021.

Os autores

Ana Flávia Barros-Platiau é professora do Instituto de Relações Internacionais e pesquisadora do Centro de Estudos Globais da Universidade de Brasília (UnB). É também pesquisadora do Conselho Nacional de Desenvolvimento Científico Tecnológico (CNPq), além de diretora do Brasília Research Centre da Rede Earth System Governance.

Niels Soendergaard é pesquisador pleno do Centro de Agronegócio Global no Insper, São Paulo, e do Centro de Estudos Globais da Universidade de Brasília (UnB). É doutor em Relações Internacionais pela Universidade de Brasília, onde também desenvolveu estudos pós-doutorais. É editor-associado da *Revista Brasileira de Política Internacional* (RBPI) e autor de *Economia política global*, publicado pela Editora Contexto.

GRÁFICA PAYM
Tel. [11] 4392-3344
paym@graficapaym.com.br